每天一堂
北大销售心理课

Brent
编著

中国铁道出版社
CHINA RAILWAY PUBLISHING HOUSE

图书在版编目(CIP)数据

每天一堂北大销售心理课/Brent 编著. —北京：中国铁道出版社，2018.8
ISBN 978-7-113-23447-8

Ⅰ.①每… Ⅱ.①B… Ⅲ.①销售－商业心理学
Ⅳ.①F713.55

中国版本图书馆 CIP 数据核字(2017)第 181848 号

书　　名:每天一堂北大销售心理课
作　　者:Brent　编著

责任编辑:刘建玮　　**电　　话**:010-51873038
封面设计:MX(　　**电子信箱**:liujw0827@163.com
责任印制:赵星辰

出版发行:中国铁道出版社(100054,北京市西城区右安门西街 8 号)
网　　址:http://www.tdpress.com
印　　刷:北京铭成印刷有限公司
版　　次:2018 年 8 月第 1 版　2018 年 8 月第 1 次印刷
开　　本:700 mm×1 000 mm　1/16　印张:11　字数:162 千
书　　号:ISBN 978-7-113-23447-8
定　　价:38.00 元

前言 Preface

销售心理学是一种怎样的技巧

为什么说销售人员必须要懂心理学？它是一种怎样的技巧？我从业多年，三教九流、形形色色的人见过不少，参加过大大小小的各类谈判，我发现心理博弈在成交过程中起到了很大的作用。

相比于各类销售技巧，吃透客户心理才是最有效的方法。如果你能知道对手在想什么，就能预测他下一步棋会怎么走，应对起来就会游刃有余。

很多销售员都意识到心理战的重要性，试图摸透客户的心思，但是总显得没有章法，不得要领。他们喜欢根据以往经验猜客户，这没错，摸清客户心理靠的就是经验。然而，如果能将个人销售经验与专业心理学结合起来，你会很快拓宽视野，理清思路。

一般销售与精英销售的最大区别就在于专业性，后者不仅经验丰富，还有理论基础支撑，他们会研究心理学，并与销售中的具体案例结合，反复思考，发现规律，从而总结出各种销售技巧，这才是他们总是比别人快速成交的原因之一。

自己跟进很久的客户，一夜之间成为别人的 VIP？

持续跟进，请客送礼，为什么客户就是不肯签单？

不管怎么费力拜访，客户总是爱搭不理？

无论怎样做出承诺，客户就是不愿意相信？

好不容易签了一单，结果客户又要反悔？

……

工作多年以后，你一直都是不温不火地工作着，拿着基本工资与不高不低的提成，但与你期望的超级销售员还有很大差距。你遇到过各种客户、各种问题，有些成单了，但是大部分没能成单。你发现85%的精力最终只换来15%的业绩，却不知道问题出在了哪里？

像上面那些问题你还有很多，百思不得其解……你找不到答案，只能继续花费更多的精力去完成15%甚至更少的业绩，这样才能勉强保住工作。越努力却离目标越来越远。俗话说"方向不对，努力白费"，你用85%的时间只拿到15%的订单，显然你的效率出了问题。

销售是一门与人交流的艺术，与人打交道就要读懂人心，而想要真正读懂客户的内心，光靠经验是完全不够的，你必须结合专业心理学知识，才能拥有更好的思路，从而想到更好的跟进方法。

这是一本结合专业心理学知识的销售技巧作品，结合了经典心理学作品与案例、丰富的实战案例，以及这些年个人总结出来的技巧。书里涉及了很多实用性内容，在实际工作中可能会有所帮助，拿来就用，特别适合短期内想要出成绩的业务员。不过，销售心理是一门很深的学问，绝非一两天就能掌握，你需要掌握专业的心理学知识，并拥有丰富的实战经验之后，总结出自己独有的一套东西。

愿你在与客户的心理交流中占据主动，愿每一位销售员都能成为销售英雄！

目录

Contents

Part One　心理素质不过硬，你把东西卖给谁

Part Two　玩转客户心理需求的销售技巧

Part Three　心理暗示快速成单技巧

Part Four　影响力的武器

Part Five　销售心理控制

Part Six　营销中的谈判心理学

Part One

心理素质不过硬，你把东西卖给谁

你若不强大，产品卖给谁？销售人员强大的心理素质是开启职业之旅的第一步。世界上没有卖不出去东西的销售员，只有不敢开口的胆小鬼。

你怕什么？恐惧心理是营销人员的天敌

美国著名保险营销顾问法兰克·贝特格曾说："成功不是用你一生所获得的地位来衡量的，而是用你克服的障碍来衡量的。"

恐惧心理是营销人员的天敌，任何一个立志从事销售事业的人员，如果在入行之初无法克服恐惧心理，经几次尝试之后最终仍然以失败告终。那么以我的经验来看，我不会劝你继续坚持。虽然说坚持也是销售从业人员的必备素质，但是如果你始终无法迈出第一步，就应该认真思考自己是否适合这份工作，及时转行比无谓的坚持更加重要。

心理治疗师诺伯托·利维博士曾如此定义恐惧："感受到威胁时，如果觉得自己没有能力或没有资源解决，便会产生忧虑、苦恼的感觉。例如，大部分人对于以每小时三百公里的车速前进这件事都觉得很害怕，但一级方程式的赛车手就不会。"

的确如此，不要看轻销售这份工作。在我刚刚大学毕业那年，曾有一位来自中国台湾地区的高管跟我们说道：所有老板要么是财务出身，要么是销售出身。一要会管钱，二要有渠道。

当时并不太明白，工作多年之后才发现他说的很有道理。我认识的很多老总之前都是做销售的，渐渐有了渠道跟人际关系，自己跳出来单干了。

所以，销售这行虽说谁都能做，但是想要干好也是要靠天赋的。比如最基本的素质——勇气，我见过很多销售新人，见到我之后嘴都张不开，怎么推销产品？

对于刚入行的销售新人来说，没经验、没资历、没技巧、没人际关系，甚至可以说没有好产品。试想，哪家大公司会重用一个刚毕业的新人？所以你所推销的产品其市场竞争力也不会太强。

那你还剩下什么？

只有勇气了。

既然新人只剩下勇气了，那么开展工作也很简单，只需要硬着头皮去面对客户就够了，即使没能卖出产品，练出了一副“厚脸皮”也是不小的进步。

“疯狂英语”创始人李阳在自己的名片上写着三句话：

(1)越是不敢做的事情越要做。

(2)越是恐惧的事情越要做。

(3)越是没信心的事情越要做。

别让恐惧心理毁了你的前途，并不是每一个销售员都擅长与人打交道，但是做这一行就必须学会结交陌生人。

在北大管理课上，心理学教授提到美国前总统罗斯福，最早也存在交往恐惧症，不善于跟陌生人打交道；但是他很清楚，必须克服这个弱点，否则很难有大作为。他是怎样做的呢？

在一次宴会上，他看见很多陌生人，他知道这些人都是各领域的权贵，是非常有必要结识的一群人，他想径直走过去又怕碰“钉子”，他感到恐惧，但他意识到必须迈出这一步。

罗斯福开始深呼吸，让自己尽快平静下来，为了自己的仕途，他必须先开口。他告诉自己，没什么好怕的，这些人或许也想认识自己。

冷静下来之后，罗斯福先从认识的记者开始，因为记者神通广大，一定认识大部分人。于是他开始向熟悉的记者打听想认识的人的姓名、具体情况，之后主动上前并叫出对方的名字，谈一些他们感兴趣的话题，于是轻松融入。

这些人日后为罗斯福成功竞选总统帮了不少忙。可见，克服畏惧心理是多么重要。

不要以为只有新人才会产生恐惧心理，有些老资历的营销人员同样有这样的问题。接下来我们分析一下导致销售员恐惧心理的几种类型。

1. 对自身产品和服务不了解

这一点涉及到营销人员专业性的问题。对于专业知识不熟悉，推销产品时心里没底是很自然的。无法解答客户的问题，介绍产品时没有说服力，随着客户的疑问越来越多，恐惧情绪也就越严重。

做为一名优秀的营销人员，对于自己推销的产品必须十分了解，这也是开展工作的前提。如果你之前没做过这一行的销售，就需要在工作初期恶补专业知识，不要让自己看起来像个白痴。

2. 害怕被客户拒绝

无论多么杰出的营销人员，在其职业生涯过程中都会被拒绝无数次，所以因为害怕被拒绝而恐惧是没必要的，你要做好心理准备，同时要勇于和总爱说“NO”的人打交道。

一个聪明的销售员是不会被同一个人拒绝太多次的。同一个人拒绝你无数次，只能说明你选错了目标客户；即便没错，根据二八法则，也没必要跟这样的客户浪费时间。

想要克服被拒绝的恐惧心理，首先要建立自信，培养承受挫折的能力，把客户的拒绝当做一次宝贵的经验，你要知道对方为什么会拒绝，同时建立与客户的联系。他今天不需要你的产品，但是下次有需求时，一定会想起你。

3. 害怕被老板责骂

只要是做销售的，一定会有业绩压力，担心完不成业绩被老板责骂，甚至是末位淘汰，这也是造成心理恐惧的原因之一。关于这一点，没有太好的解决办法，唯有将压力转化为动力，尽最大努力完成销售任务。当你成为优秀销售员时，信心就会大增，再也不会担心被老板责骂了。

想要成为一名杰出的营销人员，战胜恐惧是最基本的能力。出色的营销人员都会积极接近客户，他们渴望与人交往，擅长与人打交道，所以才会在销售行业如鱼得水。内向的人也能成为销售冠军，但如果你有社交恐惧症，并不建议你涉足销售行业。

北大心理学堂：恐惧循环四阶段

对于销售新人来说，感到害怕是很正常的，然而恐惧情绪是完全可以克服的，你需要了解恐惧循环的四个阶段，之后才能确定你是否能够胜任销售工作，或者说有信心在这行混好。

Stage Ⅰ——末日综合征

销售新人为自己的懦弱起了一个很酷的名字，“末日综合征”。实际上，这只是新人对糟糕情境的过度想象造成的。

销售新人很可能在遭受过一两次拒绝之后，产生了恐惧心理，当他们准备销售产品时，脑海中最先想到的是遭遇尴尬甚至是羞辱时的失败情景，结果由于过度想象导致没能迈出关键一步。

Stage Ⅱ——恐惧反馈

由于对失败情境的过度想象，恐惧情绪开始蔓延，继而在潜意识中出现过多负面认知，并开始扭曲事实。比如没开口之前就认为客户比较难接触，一定是个“讨厌的家伙”“他根本不会搭理我，甚至还会羞辱我”……

随着身体感受到恐惧，心跳加速，额头与手掌开始出汗，行动变得缓慢，甚至停止行动。这些症状与身体反应，就是恐惧情绪的反馈。

Stage Ⅲ——加速失败

对于营销人员来说,过度恐惧会导致加速失败。试想,人们在害怕的时候会做出怎样的举动?

自我保护:比如打雷的时候,小孩子会用棉被蒙住头部,想象自己待在坚固安全的堡垒之中。而对于销售新人来说,他们的自我保护方式就是"止步不前",不去推销产品就不会被羞辱,然而这么做并不能让他们成为一名优秀的营销人员,反而会加速他们的失败。

Stage Ⅳ——初始记忆

恐惧造成的"初始记忆"会一直留在人们的脑海里,并对今后的工作和生活产生重大影响,这就是所谓的"一朝被蛇咬,十年怕井绳"。人们在做任何事之前都会不由自主联想到之前的失败经历,从而再次产生恐惧心理。

对于销售新人来说,如果内心不够强大,入行之初又经历过刻骨铭心的糟糕处境,那么这份"初始记忆"就会产生严重的负面影响。在新的推销任务面前,他们总是会想到"这次客户不会那么没礼貌了吧?""这回要是再被拒绝怎么办?"……

恐惧将会蒙蔽人的心智与判断力,看不到更好的机会,导致工作与生活陷入到失败的循环之中。

永远不要抱怨客户,你没资格

抱怨是一种慢性病,得治!

对于普通人来说,控制在一定范围之内的抱怨是合理的,能够起到宣泄情绪的作用。然而对于销售人员来说,如果在面对客户的时候产生一丝一毫的抱怨情绪,那么就是非常“不职业”的表现,这一单十之八九是成不了了,而且还会被客户投诉。

抱怨的坏习惯往往在销售新人的身上表现的尤为明显,刚入行,不懂规矩,没有吃过抱怨的亏。北大教授讲过一个小故事。

某寺院的住持每年年底都会让寺里的和尚作总结,只说两个字就够了。这一年寺里来了一位新人,他的总结这样写道:“床硬”;第二年,他给出的是“食劣”二字;第三年,他索性写道:“告辞”。

住持默默不语,任他离去,后对其他和尚说道:“心中有魔,难成正果。”

抱怨是每个人的心魔,尤其对于销售人员来说,抱怨会断送你的前程。环境是客观存在的,不会因为你的抱怨而改变,想要改变环境,只有先改变自己。

北大管理课程上曾提到一个案例:《四个约克夏人》。

四位严谨优雅的约克夏绅士坐在一起,品尝着昂贵的红酒。他们的对话起初是积极而正面的,然后就微妙地转为消极而负面;随着时间的推移,他们开始以抱怨来互相较劲,最后一发而不可收拾。

其中有位绅士一度谈到自己曾经居住的房子是多么破烂不堪,第二个约克夏人则转动着眼珠子说道:“房子!有房子住就不错了!我们以前26个人住在一个房间,什么家具都没有,只有半截地板,我们害怕掉下去,不得不挤成一团窝在角落里。”

“噢!你真幸运还有房间住呢,我们以前都住走廊!”

“喔,我们以前还梦想能住走廊呢!我们住在垃圾场的旧水箱里。每天早上醒来,都有一堆臭鱼倒在我们身上。”

“呃,我说的‘房子’只是地上的一个洞,用防水布盖住,这对我们来说就算是房子了。”

“我们还从地上的洞里被赶出来,只好住在湖边。”

“住在湖边算幸运了，我们有150个人住在马路中央的鞋柜里。”

最后，有一个人在这场竞赛中胜出，他声称：“我得在晚上10点钟起床——就是睡觉前半小时，然后喝一杯硫酸，在磨坊里工作29个小时，还要付钱给磨坊老板，请他准许我来上班。我们到家的时候，爸爸妈妈会把我们杀了，在我们的坟墓上跳舞，大唱‘哈利路亚’。”

这是你想要赢得的抱怨比赛吗？那好，去吧，继续发牢骚，直到每个人都放弃，宣布你是全世界最厉害的抱怨鬼。

抱怨情绪是相互传染的，最可怕的不是传染自己、传染同事，而是传染给客户。要知道，客户是来给你送钱的，你有什么资格抱怨！一旦你的坏情绪传染给了客户，那么你的单子也就泡汤了。更可怕的还在后面，客户的抱怨情绪一旦蔓延，就会传递给更多客户。也就是说，你不仅毁了自己的单子，还可能毁掉公司其他同事的订单。

在我看来，销售这一行，只有客户有权利抱怨，一名职业的销售人员绝不会当着客户的面抱怨。

在我管理过的员工中，做销售的是最多的，其中不乏很多新人，而抱怨的习惯几乎存在于每位新人身上，而他们都不同程度的吃了亏，只是有些人长了教训，改掉了坏习惯；而有些人则彻底退出了这一行业。

苹果是一位很可爱的小姑娘，性格开朗，活泼好动。也是因为这一点，当时的销售主管Jack将她拉进了自己的团队。听Jack说，小女孩家庭环境不错，父母都是公司白领，从小对她宠爱有加。可能正是这个原因，让她养成了任性的毛病。

苹果进入公司之后不到半年就离职了，而当时的新人离职率很高，引起了我的重视，便找到Jack谈话。

原来，苹果来到公司之后业绩一直不好，Jack找她谈话，发现小女孩总是在找借口：没经验、机会不好、客户难缠……总之，她的每一次失败都有借口。更要命的是她一点都不在乎，一连几个月不出业绩，只拿着千八百的底薪，每天还能高高兴兴地来上班。

Jack给她施压,并亲自带着她出去跑业务,没想到这个姑娘居然顶撞客户,并当面跟客户抱怨,说人家事太多,弄的Jack很难堪。客户当时转身就走了,这一单就这样泡汤了。

这件事也成为苹果离职的导火索,因为受不了Jack的严厉,苹果自己走人了。

即便是销售新人,顶撞客户,抱怨客户,这些都是非常业余的表现,是销售人员的大忌。试想,我花钱买你的产品,买你的服务,你却爱搭不理,甚至讽刺我,除非你的产品独一无二,否则没人贱到跟你成单。

最近在网上看到一篇帖子,写某互联网房产中介的,他们的佣金要比链家、我爱我家都低一些,吸引了很多人的关注。对于消费者来说,这是好事,但服务质量是否能跟上引起了我的好奇心,于是我开始搜索一些网友评论。

在租房这件事上,就有很多网友抱怨,表示业务员的态度很差。有些业务员甚至在电话里说出"爱租不租"这样的话,直接抱怨客户的不在少数。

很多人因为租金便宜也就忍了,不过更多客户还是表达出强烈的不满,表示不再与他们合作。

客户永远是上帝,销售员永远没资格与客户抱怨。你的业绩、你的薪水都是客户给的,抱怨客户只会让你无单可签。

销售是与人打交道的工作,比起整天坐在办公室里的文职人员,压力要大得多。每一天都会遇到很多客户,千奇百怪,性格各异。有些客户温文尔雅,有些客户粗俗不堪,有些客户磨磨唧唧……然而,销售员永远没资格挑选客户,任何客户都应该成为潜在客户。

无论客户有多麻烦,多难搞,你都不能抱怨,因为这是你的工作,更不能愚蠢到当面跟客户抱怨,这等于直接断送了一笔单子。

我在超市买菜的时候,看到一位大妈在挑拣剩菜,选好之后找工作人员称重,结果没人搭理她,大妈不高兴了,说了两句,没想到超市工作人员竟然奚落起大妈。

这种事并不少见,促销员抱怨客户挑三拣四,一副爱买不买的态度。只不过这一次碰上了爱较真的大妈,在超市吵了起来,而且非要找经理。随着围观的人越来越多,经理过来了,当着众人的面儿批评了两位促销员。而大妈很生气地扔掉了选好的菜,扬长而去,而这件事肯定给超市带来了很不好的影响。

如果选择足够多的话,大妈下一次可能不会再来这家超市了;也可能还会来,因为这家超市相对便宜。这不是重点,对于销售人员来说,一定要明白,无论单子大小,抱怨客户都有99%的可能性无法达成这一笔订单。这不是失去一笔提成那么简单,而是一次失败,这种失败的经历会对销售人员的心理造成很大的打击。

北大心理学堂:心理学家教你如何舒缓情绪

销售是一份高压职业,面对的客户形形色色,各类奇葩客户都会遇到,如果说没有一点抱怨情绪也是不可能的,那么就需要销售人员妥善处理抱怨情绪。

怎样抱怨效果更好?处理抱怨应该注意什么?……结合心理学家朱利安·巴吉尼的专业建议,特别为销售人员量身定制的抱怨方案。

1. 小心选错抱怨对象

如何让抱怨更有效?选准对象很重要。如果是客户让你头疼,就不要抱怨老板;如果抱怨不能改变现状,那就闭上嘴巴,因为你的抱怨只会让情绪变得更加沮丧。总之,抱怨要有针对性,同时你要确信,抱怨能够起到一定作用。例如,公司制度不合理,你跟领导、跟老板抱怨,能够引起他们的重视,从而改变不合理的制度,这样的抱怨就是有效的。

2. 抱怨要具体

抱怨要具体,切忌含糊不清。比如你对工资待遇有意见,那么就应该直接提出来,不要绕弯子,绕了一大圈,你可能把公司的不好都说了一遍,结果也没讲到点子上，只会带来更坏的影响。

3. 不要光说不练

只会抱怨的销售员是拿不到订单的，只会招来更多人的厌恶。如果你对薪水不满，那么就去找领导谈加薪；如果你对公司制度有异议，那么就提出解决方法。只有行动会最大程度上改变抱怨的习惯。

4. 抱怨的人只是在发泄与逃避

销售人员不能向客户抱怨，但是客户却经常向销售人员抱怨。为此，你要清楚一点，从心理学上讲，抱怨的人不希望事情完全改变，他们只是为了发泄情绪或者是推卸责任。所以，当客户开始抱怨时，并不代表这一单肯定没戏了，顺着客户的话说，当他们的情绪稳定了，再接着往下谈。

正视挫折，积极面对下一张单子

20 世纪最伟大的销售大师之一、美国人寿保险创始人、著名演讲家弗兰克·贝特格曾说："成功不是用你一生所取得的地位来衡量的，而是用你克服的障碍来衡量的。"

这一节主要讲的是挫折心理学，这是销售人员必备的心理素质之一，如果连这一关都闯不过去，我劝你还是尽早转行吧。

哪一个优秀的销售员不是历尽挫折，受尽白眼与嘲讽才能拿到订单？别让"不好意思"害了你，销售初级阶段靠的就是"厚脸皮"，没有一颗强大的内心，根本做不来这一行。

想要塑造一颗坚不可摧的强大心脏，首先要了解心理学相关常识，以免在猛打猛冲过程中受到不必要的伤害。

人在遭受挫折之后会有焦虑、攻击、冷漠、退化、幻想、自杀等情绪反应。以下结合销售行业情况予以分析。

1. 焦虑

在销售过程中遭遇挫折之后,各种负面情绪一涌而出,自信心丧失、自尊心损伤、愧疚感、失败感……这些负面感受将会导致焦虑情绪的产生。有些销售人员抗压能力不强,导致工作业绩一落千丈,不敢接触客户,甚至有些人开始自我怀疑,退出这一行。

实际上,产生焦虑的主要原因在于人际关系的挫败,在与客户沟通过程中出现的各种问题,都可以归结为人际交往水平不足。

积极与人交往,多接触客户,分散注意力,都会适度降低焦虑感。在销售过程中遭遇拒绝,感受挫败感是再正常不过的事,不必太在意,随着经验的提高,焦虑感也会降低到合理水平。

2. 攻击

有些人在遭受挫折之后,会产生愤怒情绪,在发泄的过程中会出现两种情况——直接攻击与间接攻击。

对于销售人员来说,直接攻击是非常“不职业”的行为。假设在受到客户嘲讽之后,反唇相讥;或是面对客户的侮辱性言辞,直接破口大骂,甚至大打出手。这些行为无疑会导致成交失败。

间接攻击是指销售人员遭受挫折之后,将愤怒情绪转移到第三方。比如受到客户的压力,回家将情绪转移到家人头上。且不说第三方无辜的遭遇,对于销售员来说,这样的做法会严重损害人际关系。高级销售拼的就是人缘,无意识下毁掉的人际关系,也是在毁掉你的未来。

3. 冷漠

由于每个人的性格不同,在遭受挫折之后的表现也不同。性格急躁的人会产生攻击行为,而性格相对内向的人则容易导致冷漠行为。实际上,这是在压抑内心的情绪,相对于直接攻击客户的行为要更为妥当,但很可能导致销售员对客户冷漠,对业绩不再上心,同样会影响工作。

4. 退化

退化是指个体遇到挫折时表现出与自己的年龄、身份不相称的幼稚行为。每个人在成长过程中,学会了控制自己,在适当的时候、适当的场合做出合乎常理的情绪和行为反应,这是日益成熟的表现。然而一旦遭受挫折时,有些人受到情感的强烈冲击,就会失去这种控制力,表现出幼稚的行为,渴望同情与照顾。

在家或许可以,但在工作中,不要指望客户同情你。销售员幼稚的表现,只会换来零订单。

5. 幻想

指个体以自己想象的虚幻情竟来应付挫折,借以摆脱现实的痛苦,并在此虚幻情境中寻求满足。这是弱者的表现,幻想并不能带来订单,只会让人一蹶不振。销售行业竞争激烈,偶尔幻想也许可以达到自我激励的目的,但是长时间陷入虚幻世界,那么现实中你的单子就是别人的了。

6. 固执

聪明的销售人员在遇到困境后会灵活处理,尽快摆脱困境。初级销售员则会依旧采用先前的方法,固执地重复相同的困境。固执情绪会让销售人员短时间内重复失败的情景模式,导致效率低下。

7. 自杀

自杀情绪比较极端,一些心理极为脆弱的人失败之后会走极端,但是这类人做销售的并不多,因为他们在最初阶段就会被淘汰掉。

在北大管理课上,经常会提到一些销售方面的大师,这些人没有一个是顺风顺水的。他们都有一个共同点,就是善于面对挫折,因为所有人都是从失败中走过来的。他们将每一次挫折视为经验积累,而不是“世界末日”。

20 世纪最伟大的销售大师弗兰克·贝特格，就是从一次次失败中走出来的大师。

当年，贝特格从朋友那里得知，纽约的一位制造商要购买一份 25 万美元的财产保险，他立刻意识到这是一次好机会，于是托朋友安排会面。

（贝特格拥有销售人员敏锐的商机意识，在不认识的情况下依然前往会面，又表现出敢闯的性格特征，这都是优秀销售员必备的潜质。）

贝特格按时赴约，然而一见面就被泼了一盆冷水。总裁表示他已经将财产保险计划交给了几家朋友的公司，而且都是比较有规模的大公司。

贝特格显然做好了心理准备，没有一点失望的表情。见此，总裁对他说，如果你还想继续向我推销的话，做一份详细的计划给我，如果方案让我满意，价格又低的话，那么我会考虑的。不过我要提醒你，如果你一再坚持，很可能是浪费我们彼此的时间。

做销售的都知道，这是客户在打发你走人的托词。

一般情况下，话说到这份上，大部分销售员就选择走人了，再待下去也没意思。然而贝特格绝不是“大多数”，他没有走，也没有固执地强词夺理说个没完，而是将话题转向了人寿保险方面。

贝特格很清楚，这份财产保险很可能是拿不下来了，但是总裁并没有人寿保险计划，他将这一点作为突破口，并最终签下了这个大客户。

没有被客户拒绝过成千上万次的销售员不是好业务员。并不是坚持就能拿到客户的签单。有些人是无论如何也签不下来的，因为他们不是你的目标客户。

面对一次次的失败，不要将其视为挫折，而是要习惯并坦然接受，每一次失败你都会学到东西。通过不断失败，你会磨练出“厚脸皮”，你会锻炼出一颗强大的内心，这些都是优秀销售员必备的心理素质。

你若不强大，谁都帮不了你。记住，下一张单子永远是最好的。

北大心理学堂：销售失败心理分析及其应对

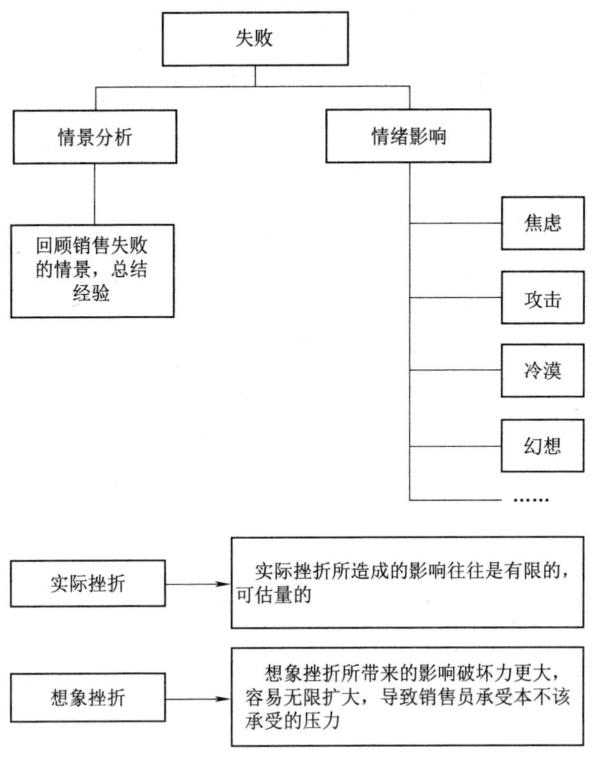

1. 挫折响应机制

积极反应（适度紧张）	消极反应（过度紧张）
认清现状，快速适应并改变	固执，坚持己见，越走越黑
分析动机，修正并调整目标	攻击行为，导致更多负面影响
激发潜能，积极思维寻找方法	冷漠，退缩或逃避

2. 建立快速心理防御机制

(1)签单失败拜访成功，每一次被拒绝意味着一次经验的积累；

(2)找到客户抗拒的原因，下一次拜访有章可循；

(3)确定目标客户,及时将非目标客户从目标清单上划掉;

(4)回访潜在客户,尽快从失败中走出来;

(5)调整心态,用积极行动增强自信;

(6)更新计划,根据不同客户制订不同应对计划;

(7)学会接受失败,果断放弃难度过大的单子。

别让拖延毁了你的订单

《战胜拖延》一书作者尼尔·菲奥里曾说过:“我们真正的痛苦,来自于因耽误而产生的持续的焦虑,来自于因最后时刻所完成项目质量之低劣而产生的负罪感,还来自于因为失去人生中许多机会而产生的深深的悔恨。”

在开始本节之前,你首先要确定一件事,你是否患有拖延症?下面这个心理测试,在很多管理课上都出现过,通过这个测试,便能检测出你的拖延症有多严重!

测试开始:

注意下面的问题,选“是”得1分,选“否”不得分。请用笔记录下来!

1. 总是在最终期限快到时疯狂跑客户:是　否

2. 上班时间总被各种琐事干扰,快下班时才开始忙工作:是　否

3. 工作时间可以完成的事,总要拖到下班后加班做:是　否

4. 不懂时间管理,做事没有规划:是　否

5. 总是感觉时间有富裕，从来不着急：是　否

6. 懒惰成性，能拖就拖：是　否

7. 每当被领导询问工作进展时，总会有各种借口拖延：是　否

8. 办公桌上永远不缺零食：是　否

9. 准备开始工作时，脑子里突然冒出各种想法：是　否

10. 习惯性自我麻痹，告诉自己时间有的是，一切都还来得及：是　否

11. 做事不分轻重缓急，不懂要事优先原则：是　否

12. 经常因为时间紧而草草交差，挨批成为习惯：是　否

13. 拖延成性，脸皮厚，别人怎么催也不着急：是　否

14. 从不主动汇报工作：是　否

15. 团队合作时，因为动作慢导致没人愿意与你合作：是　否

测试结果：

0～4 分：轻度拖延症患者，你还有救。从平凡到卓越，杀死拖延症就行了。

5～11 分：中度拖延症患者，“病情”已经相当严重，成为一种工作习惯，改变需要时间和耐力。

12～15 分：重度拖延症患者，你已经病入膏肓，并不适合继续从事销售行业，你的订单少得可怜，经常沦为末尾淘汰制的牺牲者。

拖延症是一种困扰着很多人的心理疾病，对于销售这行来说，一旦患上拖延症，就等于开启了等死模式。

在我看来，销售是最难也最简单的行业，想成为销售大师不容易，但是成为一名销售员却很容易，毕竟这一行的门槛儿很低。

我招过很多销售新人，有初中毕业的，也有研究生学历的；有聪明伶俐的，也有呆头呆脑的。

学历高≠业绩好

聪明伶俐≠效率高

对于初级销售员来说，决定业绩好坏的关键因素就在于“勤快”二字。

我曾经遇见一个大学生，她来公司实习，平时就是复印文件，打打下手。一天忙完工作，跟她聊了起来。

“毕业后想做什么？”

“我也不知道，想做销售闯一闯，又想考研继续深造。”

“快毕业了还没想好？”

“是啊，纠结这件事好久了，每天都好烦。”

“决定不了，为什么不去尝试，你可以找一份促销员的工作，体验一下，更容易做出决定。”

“懒呗！我也想体验一下，老是下不了决心。促销员要站一天，多累啊。”

小姑娘挺坦诚，她知道自己的问题出在哪——太懒。可是一直没有改变，一直没能迈出第一步，要不是学校需要交实习报告，也不会跑到我这里来。

我婉转地告诉她，如果不能改掉懒惰的毛病，那么销售员这条路就不用考虑了，还是考研或者做其他行业吧。

拖延症是销售员的天敌，每拖延一分钟，就意味着失去一笔订单的可能性。当等待成为习惯，那么也就进入了真正的等死模式。

初级销售人员比的就是勤快，谁更努力，谁就能拿到更多订单。小刘是链家的一名房地产中介，我们刚认识的时候，他只是一名普通业务员，没过两年，我在朋友圈看到，他已经成为销售经理了。

小刘一没学历，二没关系，据我观察，也不算是聪明伶俐型的，他的成功靠的就是“勤快”二字。据说，当年刚来北京时，兜里只剩下几百块钱，甚至睡过公园、火车站，每天只吃一顿饭，而且顿顿都是面条，整个人一点精气神都没有。也许正是那段艰辛的经历，让小刘发誓过上更好的生活。在他进入链家之后，比所有同事都要努力，由于住在单位附近，他每天 8 点就到公司，晚上 10 点之前没离开过。

我们知道，房地产中介不需要什么特别的技能，只要肯努力都能做好。小刘不仅从网上找客源，还跑到附近的社区里挨家挨户询问，他自己说“已经被骂疲了”，但是从无怨言。工作之余，就去周边老社区帮忙，帮大爷大妈搬个东西，买个菜，关系混得很熟，这样就会得到很多信息。当赢得邻居们的信任之后，大家也开始放心把房子租给他了。

对待客户，小刘的服务非常周到，并不是签单之后就谁也不认识谁了，而是积极维护客户关系，嘘寒问暖，常年如此。只要是能帮到客户的，他从不含糊，他觉得自己年轻，辛苦一点没什么。

正是因为这样的态度，让他仅仅用了不到两年时间就做到了经理职位，而且业绩非常出色，薪水一点都不比公司白领低。

在北京，只要勤快一点，想挣钱一点都不难。

与小刘形成鲜明对照的是他手下的一位业务员 Cissy。小女孩似乎家里不差钱，上班就是为了有点事干，每个月几乎不出单子，拿着 2 500 元的保障底薪，整天混日子，她干着还挺美。后来链家不给底薪了，Cissy 的压力突然大了起来，也开始打打电话，发发帖子，偶尔出去跑一跑，带带客户。可是，你会发现，她大部分时间都是坐在办公室里。小刘问她为什么不着急，Cissy 说心里也挺着急，就是懒得动，干点这干点那时间就过去了，最后一笔单子没谈成。

公司不养闲人，可是 Cissy 似乎改不了拖延的毛病，做什么事都慢条斯理，比别人慢好几拍，业绩总是最后一名。毕竟是老员工，人缘也不错，无奈之下，只能给她安排了一份文职工作，每个月 2 000 多块钱，就这样混日子。

拖延与安逸都是人类特有的倾向,这也是那么多心理学家都在研究拖延症的原因。

为什么老板那么少,打工仔那么多?

为什么精英那么少,普通人那么多?

为什么辛苦拼搏的人少,追求安逸的人多?

……

人类惰性如此,想成为少数人,就要能够吃苦。当然,聪明人也会通过改变拖延习惯而提高工作效率。

时间就是金钱,你所耽误的每一秒都是在失去订单。改掉拖延症,你就能多拿订单!

北大心理学堂:跟心理学家一起改掉拖延症

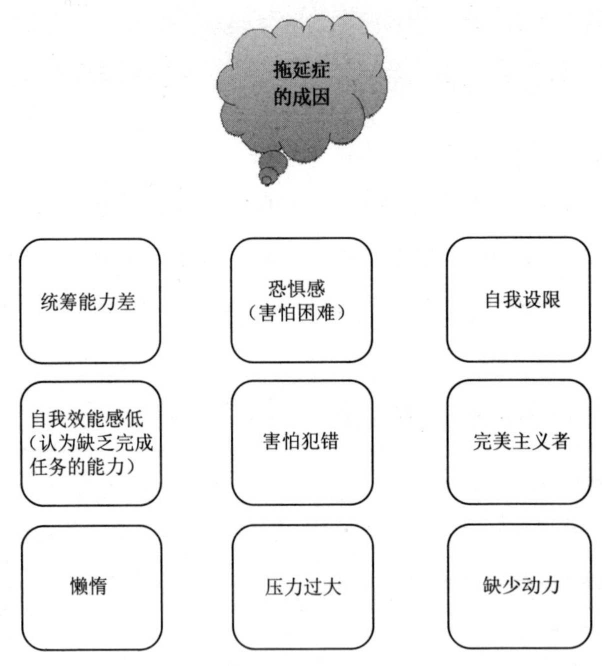

拒绝自我设限：自我设限的人往往对于成功感到恐惧，质疑自己的能力。可以想象成功之后的景象，想象家人对你的希望，为你的成就感到高兴。

时间管理：通过时间管理改变拖延症，合理安排时间，做出详细计划，并严格执行。通过完成小任务，逐步掌握时间管理技巧，提升信心。

改变完美主义倾向：凡事追求完美的人，会因为苛求细节而导致拖延。你需要进行心理调适，克服完美主义倾向，接受现实。

要事优先原则：最重要、最紧急的事情优先处理，其他事情按照轻重缓急排序。养成做事有计划的习惯，逐渐改掉拖延症。

最优时间段：每个人都有一个工作效率最高的时间段，心理学家称之为最优时间段，在这段时间里，你的效率最高，所以要安排最复杂、最紧急的任务处理。

立即行动：治疗拖延症的终极步骤就是立即行动起来，说得再多，计划再周密，没有行动，你还是无法改掉拖延症。所以，读到这里的朋友们，不管你想做什么，开始吧！

职业低潮期心理调试

无论你是做哪一行的，在你职业生涯的不同时段，都有可能经历职业低潮期。如何进行心理调适，决定了你能否在最短的时间内走出困境，尤其是销售这一行。开玩笑地说，没熬过几个低潮期，怎么好意思跟人家说你是做销售的？

对于初级销售人员来说，心理素质的磨练决定了你是否能在这一行坚持下去。新人初入社会已经很不适应，如果你碰巧选择了最残酷的销售职业，你将比任何人都更真实地感受到竞争的残酷。

一个毫无经验的销售新人，只凭着一股闯劲开始职业生涯，他所面临的挫折可能是这辈子从未遇到的。一次次地被拒绝，被耻笑，遭白眼，甚至来自言语的侮辱，对于刚毕业的孩子们来说，可能是毁灭性的打击。我就见过很多年轻人，刚实习两个月就彻底认清了现实，发现销售这一行不适合自己，果断退出。

据我的经验总结，我认为一开始就选择销售行业的有两类人：第一类是目的明确，喜欢这行的人；第二类则是无路可走的人。

第一类人更容易成功，因为他们在入行之前已经进行过充分的自我分析，并对成功有着强烈的渴望。这些人预计到所面临的困难，因此在每一次失败之后，能够尽快走出来，学会了自我心理调适，不会受到太大的影响。

第二类人属于无路可走的，他们在短时间内找不到合适的工作，只能做门槛较低的销售工作。这些人中只有那些内心强大的才能坚持下来，很多人都会半途而废。要么因为受不了这份苦离开，要么因为有了更好的工作。总之，他们并不善于进行心理调适，一旦陷入职业低潮期，很容易放弃。

小张就属于第二类人。大学念的是中文系,毕业后找不到工作,情急之下跑到一家健身会所发传单。会所在朝阳区一家苏宁电器的楼上,借着苏宁电器的人气拉客户。不知道老板是不是受了培训的影响,雇了一批人,见到客人就上前推销。具体成单率我不清楚,在我看来,除非是无底薪制度,要么他肯定赔,因为没多少人买账。

小张就是其中一员,我之所以注意到他,是因为这个孩子很腼腆,而且不止一次拉住我推销。我心里暗想,难道你就不长记性,认不出我?

我每天晚饭后都会出去遛弯,每天都会路过那家电器门口,这帮孩子每天都会拉住我推销。我对健身没兴趣,每次都礼貌地回绝。然而我从东走到西,再从西走到东,大概半小时的工夫,他们都会问我两遍,缠住我不放。

有时候实在忍不住,也会抱怨两句:"我刚过去你们就忘了?"我知道不该挖苦这些孩子,他们肯定是无奈之举,被老板以高提成忽悠,却不知道这样的成单率低得可怜。

我还算有礼貌的,我见过很多人不耐烦地回绝他们,白眼、嘲讽甚至还会发生争吵。承受能力一般的人就会知趣地退下,并好久不再说话,他们肯定受了打击,一时缓不过来。小张就是这一种,我发现他很腼腆,根本不适合做销售,而有一次我的态度有些不好,生硬地拒绝了他。当我遛弯回来时,发现他就站在那,不再主动推销。

我心里有点过不去,便凑过去跟他聊一聊。我介绍了自己的职业,他也简单说了下情况,因为找不到工作,所以想来这里赚点快钱,却发现并不适合。

实际上,小张的情况并不能算是职业低潮期,毕竟他刚入行。据我的经验,他的性格根本不适合做销售,被拒绝了几次之后就不敢张嘴了,心理承受能力显然过低。我给他简单讲了几句,告诉他如何进行自我调适,最后善意地提醒他,当一条路走不通时,不妨马上改变,不要一条路走到黑。

之后我再也没见过小张,而且发现苏宁门口每天都会出现新的推销员,换人频率很高。在那家电器开业之后一个月,90%的推销员都不见了,只剩下了几个人。很可能是健身会所老板发现效果不佳不招人了,也因为很多

人发现自己并不适合这份工作，知难而退了。

做销售，遇到挫折再正常不过了，如果连客户的白眼都受不了，还是果断转行为好。哪一位销售大师不是历经挫折之后才成功的？把嘴皮子练快，把脸皮练厚，你所谓的低潮期只是销售精英初级阶段的必修课，真正的磨难还在后边。如果你想在这一行坚持下去，就要在你自认为的低潮期学会心理调适，想开了也就过来了。

如今，那些你叫得上名字来的那些财富大佬，哪个不曾经过低潮期？销售大师就不必说了，没经历过低潮期，都不好意思跟你谈人生。看看其他行业的顶尖大佬，他们经历的挫折并非常人能够承受的。这些人都是北大管理课，甚至是世界知名商学院的常客，他们的名字如雷贯耳：

——马云，1982 年高考落榜，北大梦碎，翌年再碎，最后考取了杭州师范学校的本科。如果他过不了这个坎儿，也许现在还在杭州教书，闲时漫步西湖“享受”人生。

——周鸿祎，读书的时候就开始创业，两家公司都失败了。之后有了 360，当所有反病毒软件都在收费的时候，他选择免费，后来国内大部分人的计算机上都装上了 360 杀毒软件。那段免费的日子才叫做低潮期。

——雷军，大四的时候创办三色公司，没能维持多久就解散了，清点公司财产的时候，各自带走了一台电脑。

——俞敏洪，高考落榜两次，终于考上了北大。后在北大任教，为了多赚点钱在校外兼职教书，因触犯北大利益被迫辞职。

——史玉柱，靠 4 000 元借款起家，成立巨人公司，辉煌一时，之后轰然倒塌。2001 年脑白金问世，史玉柱从新再来。

——乔布斯，一手经营多年的苹果公司将其扫地出门，之后东山再起。

……

未曾长夜痛哭者，不足以语人生。没熬过几个低潮期，你都不好意思说自己是做销售的！

北大心理学堂:低潮期心理调适

1. 镜子技巧

● 挑选最满意的职业装,化妆打扮,以最佳精神状态站在镜子前;

● 保持微笑,确保你看到的是最阳光的自己;

● 挺直腰板,凝视眼睛深处,大声喊出:“你是最棒的!”

● 与镜中自己对话,告诉他你曾经取得过哪些成绩,告诉他你现在做到的一切是很多人一辈子都无法企及的高度。

(注:每天上班前做一次,镜子不需要太大,半身镜即可。)

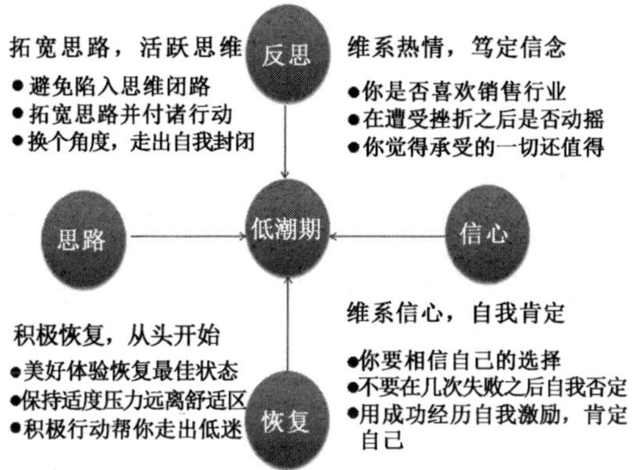

2. 进阶突破法

人在陷入低潮之后,很难在短时间内恢复如初,这时候不能着急,一步步来。

选择一款目标管理APP,分别写下近期遇到的问题与目标:

(1)遇到业绩瓶颈怎么办?

● 我的优势;

● 我的资源;

- 如何利用。

(2)近期目标是什么?

- 这个月成交3个客户;
- 找销售主管聊聊,说明近期低迷原因,期望得到帮助;
- 通过签单逐步恢复信心;
- 走出低迷。

(3)下一次陷入低潮期怎么办?

- 为下一次低潮期做出预案;
- 找出适合自己的低潮期心理调适方案。

(注:选择用APP软件因为比较方便,根据每个人习惯不同,可以采用卡片、记事本、手账、便签等。遵循可视化效果,确保方案被频繁看到。)

3. 人际关系僵局

人际关系导致的低潮期最为可怕,自身因素还可以缓过来,来自人际关系的外界因素则决定了你的职业前途。

“空椅子技术”练习对话

空椅子技术是心理训练中解决内心冲突,进行换位思考的实用技巧,它被看做是与人面对面交谈之前的模拟训练。第一阶段可以独立操作,第二阶段可以找朋友帮忙。

空椅子对话练习:

(1)你需要两张椅子,自己坐一张,对面放一张,代表自己与他人的对话。他人指的就是与你有矛盾的人,可以是同事、上司或者是客户。

(2)发泄情绪。先将内心想法充分表达出来,说出你的不满、委屈等一切真实感受,不必考虑后果。

(3)换位思考。充分表达自己的观点之后，坐到另外一张椅子上，从对方的角度思考，如果换做是你，你会有什么样的感受。

(4)换位表达。换位思考之后，模仿对方的口吻，以你对他的认知，模仿他要说的话。

(5)冷静思考。以上步骤进行完之后，给自己一段独立思考的时间，充分从双方的角度分析，并考虑所造成的后果。

(6)反复尝试。每一次你都会有所感悟，直至找到你认为最合适的方法。

(7)实践。当你准备好了之后，直接去找对方谈即可，此刻不需要再担心后果，因为这是你深思熟虑之后的决定。

五种人际冲突类型

著名学者多伊奇提出过五种类型的冲突，分别是：

- 平行的冲突(parallel conflict)
- 错位的冲突(displaced conflict)
- 错误归因的冲突(misattributed conflict)
- 潜在的冲突(latent conflict)
- 虚假的冲突(false conflict)

在平行冲突中，存在客观分歧，而且双方都准确地知觉到了这种分歧。例如，你与同事出去跑客户，他想先去拜访 A，你想先去拜访 B，你们都清楚的知道彼此的愿望，但是却不愿意让步；

在错位冲突中，一方可能有一个客观的理由，而且感觉冲突的存在，但是却不直接面对问题本身。例如，你觉得上司给你的压力太大，又不好直接去说，于是你就在工作中故意跟他对着干；

在错误归因冲突中，存在客观的分歧，但是双方对这种分歧并没有准确的知觉。例如，因为团队业绩差而没有拿到或少拿了奖金，你以为是某位同事拖了后腿，就去告诫他应该更加努力，不要拖后腿。事实上，他不是拖团队后腿的人。

在潜在冲突中，存在客观的分歧，但是双方还没有感受到分歧。例如，团队目标没有实现，奖金肯定是泡汤了，但是上司没有宣布结果，团队成员还没有意识到分歧。

在虚假冲突中，双方有分歧，但是这种分歧并没有客观的基础。例如，你的领导请客吃饭，你没有得到邀请，认为受到冷落，而领导也因为你没有到场而感到不满。事实上，领导让同事转告你，但因太忙忘记了。这时，双方的冲突纯粹是因为误会。

了解完多伊奇的五种人际冲突理论，结合自身实际情况，找到解决已有冲突的方法，避免潜在冲突。

情绪化让你无单可接

在推销过程中，唯一有资格情绪化的就是客户。人家是来花钱的，你是来求人家花钱的，如果你先把情绪写在脸上，谁还会买你的产品？

情绪化的人难堪大任，尤其是在我们的社会环境之下，低调是行走社会的最佳武器。我见过很多老板，总结出了一条规律，钱越多、本事越大的人越低调，喜怒哀乐很少写在脸上。有时候与他们交流，总感觉太冷静了，让人害怕，因为没有一点破绽，你不知道他们到底在想什么。

情绪化是一个人不成熟的表现，尤其是做销售的，如果整天都将负面情绪挂在脸上，没有哪个客户会跟你签单。每一位员工都是公司的形象代言人，情绪化不仅会影响客户，还会给公司抹黑。当你跟客户甩脸子、发脾气、爱答不理、冷嘲热讽时，不仅毁了这一笔订单，还会对公司形象造成不良影响。毕竟，在今天这个竞争激烈的市场环境中，任何产品都可以找到替代品。

既然没有独一无二的产品，那么也就没有任性的销售员。一位电子产品销售经理说："如果客户因为销售员的态度而不买某款手机，那么他还可以选择其他品牌的替代品。即便是苹果公司，也不敢说自己的产品是独一无二的。更可怕的是，受到口碑的影响，他的亲朋好友也可能不再购买这个品牌。口碑营销的魔力是巨大的，所谓"好事不出门，坏事行千里"，毁掉一个品牌远比做成一个品牌容易得多。

优秀的销售员不只要考虑自己，多拿单子，还要为公司着想，情绪化绝对没有益处。曾经不可一世的乔布斯也吃过亏，由于特立独行的个性以及过于情绪化的表现，他也曾被苹果公司扫地出门。可见，再优秀的人才，如果无法控制情绪，也一样难堪大任。

你比乔布斯更厉害吗？

如果不是，收敛你的脾气，世界离开你照转不误。

在北大管理课上讲过一个沃尔玛公司招聘收银员的故事：

三位女士顺利通过初试，进入到复试阶段。老板直接面试，接见第一位女士，上来先递给她一张百元钞票，让她出门去买包烟。该女士心想，自己还未被正式录用，老板就颐指气使地命令她做事，心里十分不满，她认为老板伤害了她的自尊心。因此，该女士愤怒地对老板说："我是来找工作的，不是来伺候你的，你凭什么支使我！"随即扬长而去。

第二位女士也遇到相同的情况，转身出去买烟。然而，她发现钞票是假的，但她非常需要这份工作养家，所以自掏腰包为老板买了一包烟，还把找回来的钱，全交给了老板。

你觉得她一定会被录用？

没有，她也被淘汰了。

最终被录用的是第三位女士，当她接到钱时，立刻发现是假钞，体现出一位收银员的专业性。之后她微笑着把假钞还给老板，并请她重新换一张。老板开心地接过假钞，并立即与她签定合同，放心地将收银工作交给她。

第一个面试者是多数老板最害怕的类型，过于情绪化，难堪大任；第二位面试者首先表现的不专业，没有看出假钞，等发现之后选择委曲求全，这也不是公司需要的，公司要的是冷静与理性的处理能力；第三位面试者则表现出很强的专业能力与敬业态度，而且善于控制情绪，相信工作中也一定可以微笑面对客户。

在北大上课的过程中，遇到了很多同学，各行各业，小老板居多。我发现一个问题，他们本身就受困于情绪化，稍有不顺就会向员工发脾气。这一现象给员工传递出消极信号，受老板影响，在面对客户的时候很可能无法控制情绪。尤其是一些自以为是的小老板，认为自己的产品很好，客户不买是他们不懂，所以手下的销售员一个个脾气都很牛。

这是很无知的行为，有点像前面提到的某互联网中介，认为低佣金一定会招来很多客户。这不错，但是员工的服务意识却没有跟上，他们傲慢自大，爱搭不理。在最初阶段，当客户接踵而至时，问题不会集中爆发，但是随着服务质量越来越差，客户宁愿多花钱也不愿意看员工的脸色。

网上的类似评论很多，中介人员的服务质量很差，爱答不理，态度傲慢，甚至蛮横无理。这会对公司形象造成非常严重的影响。以我来说，当我看到这样的评论之后，我宁可多花点钱，也不愿受他们的白眼。

不要等到无单可接的时候再去改变，控制情绪是销售人员的基本素养。以我的要求来看，销售就是要永远微笑，无论对方态度多么恶劣。即便遇到混蛋客户，也可以微笑着婉拒。你可以拿不下来这笔单子，但绝不能得罪客户，因为你不仅是再为自己工作，还要考虑到公司的整体形象。

北大心理学堂：别让坏情绪毁了你

1. 消极情绪循环过程

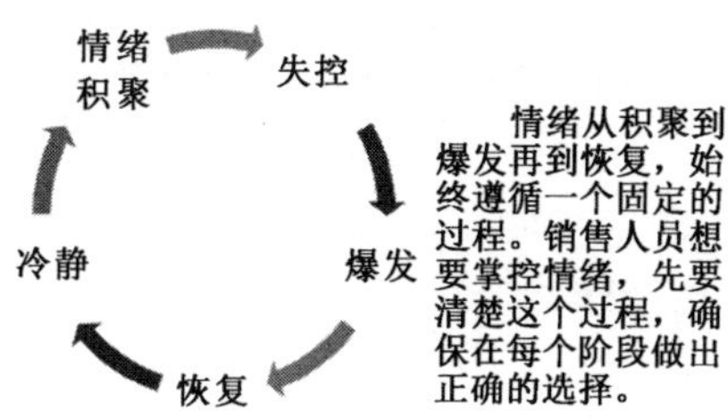

2. 负面情绪产生原因

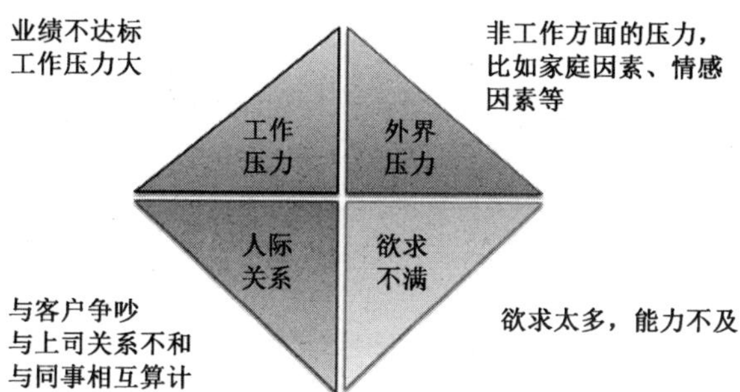

3. Salesman IQ&EQ

智商vs情商

情商70%

● 销售并非一门精深复杂的学问，对于智商的要求只占30%甚至更低；

● 销售是一项考验情商的工作，销售大师不一定聪明绝顶，但一定能够玩转情商；

● 销售是一项与人打交道的工作，而人际交往靠的是情商而非智商；

● 控制情绪的能力是销售人员情商高低的表现，别让坏情绪毁了到手的单子。

4. 销售低潮期情绪管理

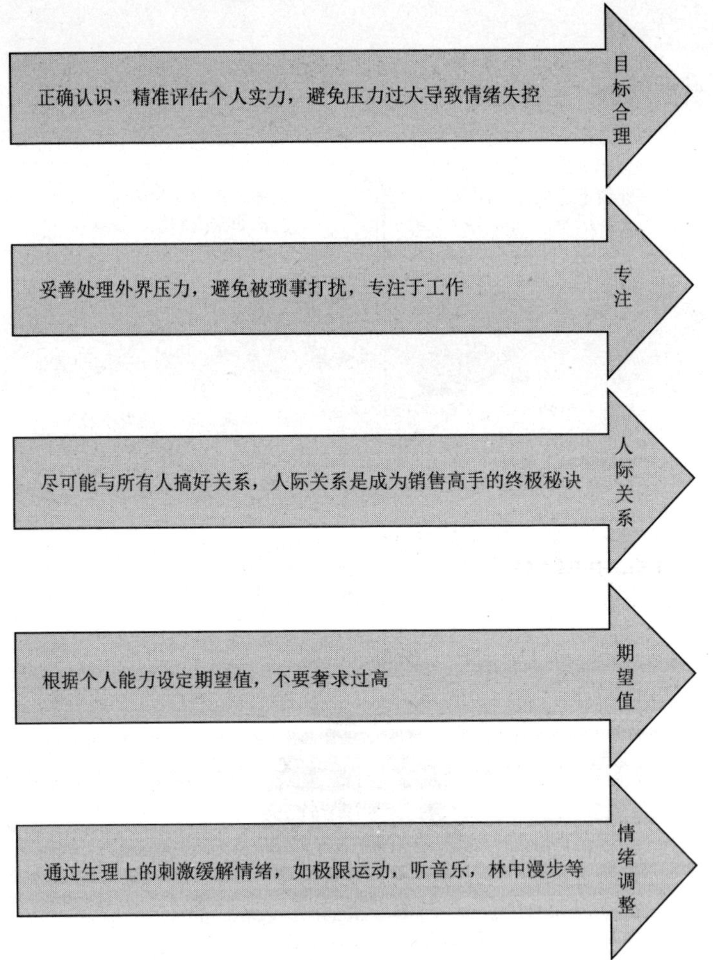

Part Two

玩转客户心理需求的销售技巧

掌控并玩转客户心理需求的销售员，业绩一般都不会太差。这里面涉及很多高明的销售技巧，你一定要知道！

“贵即好”心理——价格翻番的秘密

“不求最好，但求最贵！”这是早年贺岁片《大腕》里的一句台词，听起来让人忍俊不禁的一句话，在现实生活中却有着一定的基础。

有这样一群消费者，在他们的意识里，贵的就是好的，“一分钱一分货”的真理绝对不会错。既然他们认死理儿，那么精明的商人们怎么会错过这样的机会，定价自然水涨船高。

跟北大商学院这些老总聊天时，几乎所有人都很熟悉客户的这种心理。他们不一定知道“影响力”这种武器以及背后的心理学意义，但是在定价策略上却十分精明，绝不会放过这群坚信“贵即好”心理的消费者。

《影响力》是一本在全世界范围内非常有影响力的书，其内容经常被用在管理课程之中。曾有一位北大教授在课上讲了书中的一个故事，大意如下：

心理学教授西迪奥尼，也是《影响力》一书的作者。某天接到一个朋友打来的电话，她在亚利桑那州开了一家印度珠宝店。

西迪奥尼的朋友最近遇到了一件稀奇事，百思不得其解，于是想到了咨询一下专业人士。她最近进了一批珠宝首饰，然而销量惨淡，最近正好赶上旅游高峰，她觉得这是一个好机会，于是用尽了各种标准的销售技巧。

她让店员把这批珠宝首饰放在了更显眼的位置展示，很轻易地吸引到顾客的注意，然而购买者却寥寥无几；她让店员重点推销这批产品，还是不成功。

“难道是定价太高了？可这批货的价格跟其他店相差无几，非常合理啊。”她寻思着，毫无头绪，最后为了尽快出货，只好吩咐店员降价甩货。

在她出城采购的前一晚，给店员潦草地写了一张纸条，“本柜所有物品，价格乘个 1/2”，她不想为这批倒霉的货再浪费时间了，赔本甩出去完事。

几天之后她带着新货回来，发现那批货卖干净了，她并不惊讶，跟店员说道：“还是促销甩货管用。”然而当她看到账本时却惊呆了，所有珠宝首饰都是按原价的 2 倍卖出去的！一问才知道，由于字迹潦草，店员误把“1/2”当成了“2”。

为了弄清里面的门道，她找到了心理学教授朋友西迪奥尼。教授告诉她，这就是顾客的“一分钱一分货”心理。

由于是旅游高峰期，店里的客人都是观光度假客，他们是来玩的，来花钱的，不是来捡便宜货的。当这批珠宝首饰的定价处于正常价位时，反而低于游客的心理预期，他们觉得便宜没好货，所以没有购买。

一个精明的卖家一定要玩转客户的心理需求，在定价这件事上来说，要根据客人的类型分析及定位。而有一类“不差钱”的客户，他们只想要最好的，认定“一分钱一分货”的道理，在他们看来，便宜没好货。

面对这类“高大上”的客户时，营销人员一定要跟上形势，摸清他们的心理需求。按照价值规律来看，在其他条件不变的情况下，商品越贵，买的人越少，反之则越多。但随着人们生活水平的提高，越来越多的消费者开始关注商品的品质，只要东西好，他们不差钱。

我家附近有一家商场，我晚上经常去遛弯，他们的衣服更多是为中年女性设计的，价格不菲。有一件标价 5 000 元的皮衣在一家店里摆了好久无人问津，为了验证“贵即好”理论，我特意咨询过店员，她说这衣服只此一件。我关注了一年多，这件衣服始终没有卖出去。

然而前不久，店里又摆出了一件质地、款式与其相仿的皮衣，除了颜色，我没看出有多大不同。这件衣服标价 12 800 元，在店里摆了不到 3 个月就卖出去了。

联想到之前的那个故事，我开始明白，原来还是有钱人多，而且他们坚信“一分钱一分货”的道理。

抱有“贵即好”心理的消费者，往往对产品不是非常熟悉，在这种情况下，唯一的判断标准就是价格。多年的生活经验告诉我们，价格贵的产品质量普遍较好，而且这条真理也被无数次验证过。所以，在我们的潜意识中就形成了固定思维，想要好东西，就要买贵的。

无论是老板还是营销人员，一定要看到这其中的商机，把握消费者的心理，满足他们“贵即好”的购买需求。

北大心理学堂：凡勃伦效应与销售的关系

凡勃伦效应是指商品定价越高，越能受到消费者的青睐。最早由美国经济学家凡勃伦提出，便以他的名字命名。

凡勃伦在《有闲阶级论》一书中写道：“在任何高度组织起来的工业社会，荣誉最后依据的基础总是金钱力量；而表现金钱力量，从而获得或保持荣誉的手段是有闲和对财物的明显浪费。”

凡勃伦认为：富人希望彰显个人财富，所以在消费方面尽可能选择昂贵的商品，因为在金钱至上的社会文化中财富意味着权势、地位、荣誉和成功。同时凡勃伦还认为：穷人的消费方式也包含了浪费、炫耀性消费的因素，这是由有钱有闲阶级强加给他们的。

富人买奢侈品，穷人买 iPhone 就是明显的例子。富人通过奢侈品彰显个人价值，穷人买不起奢侈品，但是也会存在炫耀性消费，比如经常见诸报端的"iPhone 事件"、卖肾买 iPhone、拍裸照换钱也要买……这都是受到炫耀性消费的影响。

1989 年,日本最著名的经纪人大佐福吉花费 2 000 万美元购买了西格尔(Siegel)、阿尔普(Arp)、德库宁(Williem de Kooning)、克莱因(Klein)和沃霍(Warhol)等人的作品;同年 11 月,日本富豪鹤卷花费了 4 890 万元拍下了毕加索(Picasso)的作品《皮埃雷特的婚礼》……

约翰斯(Johns)所说:"当我们看到梵高所画的加歇医生的面孔时,再不会看到一个常见的忧伤与悔恨的肖像,而是一大堆金光闪闪的迷人的金钱。梵・高、雷诺阿、毕加索这些名字现在已成为了财富和荣誉的象征。"

凯夫斯(Caves)研究发现,人们从事收藏,多少都存在着自我包装的动机,目的是向他人展示自己的价值观或兴趣。在人们的观念里,只要提到收藏家,一定有很高的品位以及鉴赏能力。

有钱人之所以疯狂购买艺术品,不仅是这件作品的"物理效用",更加看重它所带来的"社会效用"。购买艺术品,你就可能从"土豪"摇身一变成为优雅的收藏家了。

心理诱惑——满足客户占便宜的心理

心理诱惑对一个人的冲击力到底有多大?在北大管理课上,"钻石案例"绘声绘色地给在场的老板们上了一课,课题就是"一块石头怎么卖那么贵?"

钻石是一种矿产资源,除了硬度高之外,没有其他特点,对人没有什么实际益处,不过是为了满足人们的虚荣心而已。

要知道，最早开矿的老板只是把钻石当做普通的石头，扔得满地都是。直到精明的商人将钻石打造为戒指，并且充分利用心理诱惑，让人们将钻石与尊贵、权力、地位等美好的品质联想在一起，它的价值也如同火箭一样冲上了天。

把一颗石头卖成天价，这是全世界最大的营销谎言，也是最成功的商学院案例，其中充分利用了心理诱惑这一关键点。

既然人类无法抵挡心理诱惑，那就要充分挖掘人们的内心需求。人人都喜欢占便宜，这是人性的弱点，只是每个人表现出来的程度不同而已。想要成为一名出色的营销人员，一定要善于读懂人性，并利用人们自身的弱点签单。

罗伯特·西奥迪尼引用作家罗斯顿举过的一个例子，讲的是德鲁贝克家的兄弟希德和哈里的故事，这个故事也经常被用作管理案例。

故事大意如下：在20世纪30年代，希德与哈里兄弟一起开了一家专做男士服装的裁缝店。两个人分工明确，哥哥哈里负责量体裁衣，弟弟希德负责销售。

每当有顾客上门，负责销售的希德都会热情接洽，当顾客试衣服时，他都会使点花招，告诉客人自己的听力有问题，并不断提醒客人大声讲话。

当客人询问衣服价格的时候，希德就会把哥哥哈里叫出来，说："哈里，这套衣服卖多少钱？"

哈里停下手里的活儿，看一眼衣服，然后给出一个比真实价格高出很多的数："是那套漂亮的全羊毛套装吗？42块钱。"

每一次希德都假装没有听清，他会把手拢成杯状放在耳后，高声再问一次，"你说多少钱？"

哈里则大声重复一遍，"42块"。

之后，希德转身对顾客说："他说要22块。"

很多时候，客人都会默不作声，立刻买下这套衣服，因为他们认为希德

听错了报价,自己捡了个大便宜,在店主发现错误之前,赶紧结账离开。

人人都爱贪小便宜,无论钱多钱少,占便宜是一种心理诱惑。越有钱的人可能越喜欢占小便宜,因为在他们看来,这是一种胜利。一位出色的销售人员,一定是出色的心理分析师,他们能读懂客户的心思,从而做出有利签单的行为。

促销也是一种心理诱惑,是商战中的常见手段,通过折扣的方式吸引消费者,激发消费者爱占小便宜的心理,从而在短时间内提升业绩。

我曾跟一位资深门店经理聊过,他告诉我,商场里最畅销的产品,不是超级大牌,也不是价格最低的商品,而是那些一年到头搞促销的商品。这才是真正精明的商家,吃透了人们爱占便宜的心理需求,变着法子搞促销。实际上,他们折扣的幅度并不大,看似吃亏,实则占了大便宜。

如果你是一位理智的消费者,经常逛商场,就会发现其中的蹊跷。我写这一节的时候,正好赶上过年,各大商场都在上演年终大促,虽然我很清楚里面的门道,却犟不过媳妇,只能带着她去购物。

既然已经成为老婆,就不怕她嫌弃,买东西可以,我要给她好好上一课。不知道是跟谁学的毛病,凡是打折的商品看都不看,几经调教终于明白了一点,结果赶上年终促销的时候跑到王府井扫货。

说实话,我有些后悔了,给她上课却没讲透。她喜欢穿,总是不停地买新衣服扔旧衣服,买衣服的花销占到逛商场总花销的 90%。我跟她讲很多牌子的衣服都经常促销,新品两三个月之后就会降价,好说歹说让她明白了,但是我忘了告诉她,最佳购物点是换季的时候,而非年终促销。结果,每到过年的时候,她就大包小包往家买,然后跟我说:“瞧,我多会过日子。”

心酸啊,自己的失误只能忍着。今年我开始有意引导她,毕竟如果自己不明白,别人说再多也没用。在年终促销之前,也就是商品还是原价或者正常折扣的时候,我带她逛了一圈王府井,并记下了相中商品的价格。等到年终大促开始,我们故地重游,当她大肆购物的时候,我上前泼了一盆冷水，拿出之前的价格对比，她发现促销之后的价格竟然比之前的还高了一些。

反应了几秒之后，瞪了我一眼，然后继续购物。我想，这就是女人吧。

这一课没有白上，回家之后她开始琢磨起来，拿计算器一按，发现多花了不少钱，所谓的年终大促销要比平时促销价格更贵。

这就是商家的计策，充分利用消费者爱占便宜的心理，同时结合过年的喜庆大势。忙碌了一年，谁不想犒劳一下自己，非理性消费就会增多，对于商家以及销售员来说，这都是一年中最好的机会。

把产品价格提上去，然后打出五折优惠，实际上比平时多赚了。举例来说：

一双鞋子标价 369 元，平时最低价格 299 元，而年终大促打出了 8.5 折优惠的标签，算一下得出：

369 元×85%＝313.65 元

313 元－299 元＝14 元

一目了然，贵了 14 元，但是销售情况呢？由于我每天晚上都会出门遛弯，经常路过这家店铺，时不时进去转一圈，发现自从年终大促销开始之后，包括这双鞋在内，很多商品都销售火爆，我看到的这双鞋还是店员所说的“爆款”。

看到这，很多销售员不感兴趣，认为定价策略那是商家的事，跟自己无关，只管卖货就行。这不是一位优秀销售人员应有的素养，难道你的目的只限于一辈子做销售？曾经有一位香港的企业顾问在课上讲过：只有两类人能成为老板，一是做销售的，因为有渠道；二是做财务的，因为会管账。

财务与销售是企业经营者必备的两项技能，所以如果你是一位有理想的销售人员，一定要多学知识，将来会派上用场。

贪小便宜是大多数人的一种心理倾向，销售人员在拿单过程中，一定要充分考虑到消费者的心理，利用一些让利技巧成功签单。

销售应注重满足消费者的心理需求，也许他们并不需要该产品，但是如果能以便宜的价格买到同样的产品，消费者会很开心，很满足，并不会吝啬。

在生活富足的今天，人们购买的大多数产品并非生活所需，很多消费者都是非理性消费，这对于销售人员来说是利好，只要掌握一定的营销技巧，吃透客户心理，很容易成单。

北大心理学堂：精心设计的“心理陷阱”

STEP 1 尊重客户

客户需要被尊重，无论他买的是一瓶矿泉水还是一架波音客机，销售人员都应该满足客户被尊重的心理需求。这是让他们掏钱的第一步。

STEP 2 心理价位

优秀的销售人员，在先期接洽的过程中，就会了解清楚客户的心理价位，知道他们的底线在哪里，这样有助于销售目标的制定以及成功签单。

STEP 3 折扣诱惑

消费者总想以更低的价格买到更好的产品，给出一定的折扣则能够满足消费者爱占便宜的心理。需要注意的是，消费者只在乎是否有折扣、折扣力度，而不在乎或者根本不会注意到原价变动与否。

STEP 4 价格对比

利用价格对比的方法，让客户感觉到价格悬殊的诱惑，有利于快速成交。需要注意的是，过于悬殊的价格会让人感觉被骗，导致无法成交。

价格对比分为横向对比与纵向对比。纵向对比指的是与该产品不同时期的价格对比，例如“这块手表上个月还卖3 999元，本周年终大促销只需要3 000元”；横向对比指的是与其他产品比较，“那家的手表性能、外观跟这块差不多，标价5 800元，比我家的贵出很多。”

STEP 5 限时优惠

限时优惠这一招能够激发消费者的神经，当消费者对是否购买犹豫不决的时候，告诉他们这款产品促销时间为期一周，之后就会变回原价。客户心理产生波动，很多原本没有购买计划的产品，也会秉持“买回去再说”的原则。

STEP 6 赠品促销

在没有其他优惠手段的前提下，赠品促销的手段同样可以激发消费者的心理需求，秉着“有胜于无”的心理需求，一些小赠品同样可以激发客户的购买欲望。

虚荣消费——“没有 iPhone X 都不好意思打电话”

中国人好面子，自古以来皆如此，这是有历史传统的。美银美林 2015 年发布了一份报告，“大中华区”的“虚荣资本”市场年增长率为 15.6%，连续 5 年居世界首位。该报告所涉及的“大中华区”包括了中国大陆、中国香港、中国台湾，但没有包括中国澳门地区。

在该调查中，名牌手表、珠宝、定制高级时装、高级红酒、常青藤联合会的精英教育、私人飞机、游艇的消费都属于虚荣资本市场的范围。中端市场包括化妆品、智能手机、保健品，它们也算虚荣消费。

作为一名优秀的营销人员，应该从这份报告中读出什么？国人爱慕虚荣，好面子，价值观扭曲？好坏是非任他人评说，你应该看到的是机会！

消费者每一次为满足虚荣心而大手一挥，都意味着商家与销售员赚的盆满钵满。所以，出色的营销人员要利用消费者的虚荣心理，“逼”他们出手。

以 iPhone 手机为例，美国人发明的商品，中国人却成了最大的消费国。根据美国科技市场研究公司“创新战略”(Creative Strategies)的预测，iPhone 在中国的销量有可能首次超越美国市场。

“没有 iPhone X，你都不好意思打电话！”

在写这篇文章的时候，iPhone X 已经推出，不知道又有多少人正在备足银两，宁可不吃不喝也要抢先用上世界第一的品牌手机。

iPhone 手机可以算是穷人的奢侈品，买不起名车名表，但攒攒钱绝对能够买个手机。这是强烈的虚荣心作祟，月薪 3 000 元的打工仔宁可花掉 3 个月的薪水也要买最新款的手机，不得不说是苹果公司品牌营销的胜利。

北大教授经常提到 LV 的案例，为什么中国人那么热衷于 LV 这种奢侈品牌？目的就是为了满足自己的虚荣心。凡客 CEO 陈年提过一个很有意思的细节，他说道：你要是到江浙、长江三角洲这些中国制造业基地的车间里去看，你会感到很绝望。因为这边是凡客的产品，那边就是一些奢侈品品牌，用的都是一样的面料，一样的棉，一样的车间，一样的工人。这有什么区别啊？

在有些人眼里没有区别，但是在虚荣心强烈的消费者眼里，那区别可就大了，这些人就愿意花钱买一个满足。因此，销售人员一定要有敏锐的眼光，洞察消费者的虚荣心理，满足并利用这部分人爱面子的心理需求，通过营销技巧拿到订单。

今天是 2.14 情人节，晚上老婆要求出去吃大餐外加疯狂购物，年年如此，逃无可逃。我突然想起年轻时候情人节的一幕。我带着当时的女友吃完晚饭去看电影，看见一个卖玫瑰花的小姑娘径直走向一辆豪车，一对情侣走下车，应该也是刚吃完饭去看电影的。

这个小姑娘具备销售人员最基本的洞察能力，选择豪车入手，这些人非富即贵，而且很好面子。

“先生，买一束花吧。”

“好啊，真漂亮，给我买一支吧。”

“嗯，好的，多少钱一支？”

“20 元一支，您知道玫瑰花的寓意吗？您的女朋友这么漂亮，您又开着豪车，简直是金童玉女的完美组合，10 朵玫瑰花代表十全十美、无懈可击！”

男士脸上掠过一丝犹豫的表情，还没等他开口，卖花的小姑娘继续说道:“刚才一位先生上来就买了99朵玫瑰花,您看,他们刚进了电影院,他的车可跟您的没法比,不过他希望跟女朋友天长地久,直到永远,所以送了99朵玫瑰。街上所有人都在为他们祝福,刚才的骚动就是男孩向女孩求婚成功……”

街上的行人越来越多,大家很好奇这位豪车男是否会像电视剧里演的,豪掷千金送给女友99朵玫瑰。我也对这个卖花的小女孩非常感兴趣,她有着一名销售员的出色潜质,所以驻足想要看看接下来是如何发展的。

我看到豪车男脸上明显掠过一丝尴尬与不悦,但是旁边的“傻白甜”女友却在用满怀期待的眼光看着他,街上时不时传来起哄的声音。

可能是电影快开始了,而且这回碰上了真土豪,随即点出一沓人民币,买下了99朵玫瑰花,街头又是一阵骚动。除了豪车男强装笑意,其他人都是皆大欢喜,人群在短暂的喧闹之后随即散去,卖花的小姑娘也可以提前下班了。

这个案例中,卖花的小姑娘定位准确,选择豪车情侣下手,而不是我们这种瞎溜达的情侣。我也买了玫瑰花,然而只买了一支,而豪车男出手就买了99支;此外,她看人很准,街头情侣很多,她选择的是那些刚刚交往不久的情侣下手,这一点可以从双方的表情、言谈、行为方面看出,需要一定的识人经验。由于定位准确,她的销售业绩翻了99倍。

最关键的是卖花小姑娘懂得利用消费者的虚荣心理,既然开着这么贵的车,那么买一支肯定不行,所以她上来就说10支玫瑰花的寓意,这也是在试探。之后便狮子大开口,直接给出99朵玫瑰花的大单,此时她又利用了人们的攀比心理,提到了“前面一位先生刚刚买了99朵玫瑰……街上所有人都送上祝福”。

前面那位先生是否买了99朵玫瑰无人得知,因为“他们刚刚进了电影院”,这些描述性语言绘声绘色,增加了真实性。也许豪车男是一位精明的家伙,但旁边的“傻白甜”女友绝对不是,小姑娘也发现了这一点,所以不时地望向她。

最终,女友的满怀期待,众人的围观,卖花姑娘的步步紧逼,已经将豪车男推向了无法下台的地步,他只有两个选择,买下 99 朵玫瑰赢得掌声,只买 10 朵或更少的玫瑰意思一下。无论是哪一种结局,卖花的小姑娘都是赢家,她这笔订单肯定是拿下了,只是业绩多少的问题。

卖花姑娘之所以选择有钱人下手,就是因为常常会有惊喜,这一次就让她赶上了,99 朵玫瑰的惊喜大单,她才是情人节的最大赢家。

面子消费的传统由来已久,源自于国人根深蒂固的虚荣心,不论是非,销售员只看结果,这是拿订单的好机会。当面子心理与喜庆假日碰到一起,想不赚钱都难。

令所有销售人员欣喜的是,不是只有富人才好面子,穷人往往更容易导致虚荣消费,卖肾买 iPhone 的极端案例就说明了一切。所以,任何一位销售人员都应该重视消费者的这种心理需求。

北大心理学堂:如何利用消费者的虚荣心

虽然说人人都有虚荣心,但是男女有别,面对不同客户,也要采取不同的策略。

1. 男性客户

(1)男性客户特点

- 目标明确;
- 消费行为趋于理性;
- 行事果断,迅速决策;
- 看重产品档次,强调实用性;

- 求新求异，喜欢新鲜事物；
- 注重整体效果，忽视细节；
- 购物过程中缺乏耐心。

(2)营销策略

结合男性客户在消费过程中的特点，巧妙激发其虚荣心，从而实现快速成交。

男性客户往往比较理性，一旦决定之后会迅速完成交易，他们看重的是实用性，产品档次，所以销售人员在成单过程中要结合客户的特点，巧妙激发其虚荣心。比如，可以从品位上夸赞客户，同时强调产品实用性，这两点相结合便能达到男性客户的心理预期。例如买车，男性客户更关注品牌、性能、耗油量、价格等因素，销售员在赞美客户的过程中，将这些因素融入进去，能够提高男性客户的兴趣。

男性客户目标明确，很少闲逛，一旦询问某款产品，说明他们已经有了一定意向，而一旦相中产品，成交也是非常迅速的。所以，销售人员在介绍产品时要顺着客户的思路走，不要说多余的话，赞美适度，可以夸赞他们的眼光。另外男性客户耐心有限，不要打持久战，速战速决。

男性客户注重产品档次，可以在介绍产品的过程中赞美他们的审美眼光，满足男人的面子心理。并结合客户自身形象，比如穿着、手表等细节，夸赞他们的个人品位。需要注意的是，赞美之词不要过于明显，顺带着说即可，否则会引起客户反感。

2. 女性客户

(1)女性客户特点

- 消费行为趋于感性、情绪化消费；
- 购买行为随机性强；
- 购买动机带有强烈的感情色彩；

- 冲动消费、非理性消费；
- 更强烈的虚荣心；
- 购买动机受外界因素影响较大；
- 强调个性化消费；
- 贪小便宜心理较强。

(2)营销策略

女性客户永远是购买主力，同时又具备极强的虚荣心，是销售人员最喜欢的客户群体，只要抓住她们的虚荣心，成单不是问题。

女性客户非理性消费居多，购买随机性强，销售人员要抓住这一特点。销售员可以通过唠家常的方式切入，不怕你多说，就怕你不说，不管聊什么，只要让她们高兴就行。在聊天过程中，洞察客户特点，然后给予赞美之词。

区别于男性客户，女性客户在买东西时往往表现得犹豫不决，而且感情色彩浓厚。此时，销售人员不要着急，耐着性子磨，激发她们的幻想。例如，购买玩具，销售员可以从孩子聪明可爱这方面入手，激发女性客户对孩子的关爱心理，从而完成购买行为。

女性购买动机波动较大，容易受到外界影响，同时爱贪小便宜，这时销售员要抓住女人爱慕虚荣的本性，激发她们达成销售行为。例如，某品牌的服装正在年终促销，折扣打得很厉害，销售员让客户试穿并送上赞美，可以从气质、身材等方面大肆赞美，同时邀请同行女伴一起试穿。一旦有人决定购买，很容易激发女人的虚荣心与攀比心理，从而形成连锁销售行为。

女性客户自尊心与自我意识更强，购物时存在一种特殊的"排众"心理，她们总想成为人群中独一无二的人。销售人员可以利用这一点进行有针对性的赞美，一定要说到点子上，说进她们的心理。

羊群效应——随大溜式的购买行为

羊群效应是指人们经常受到多数人行为或思想的影响，产生的跟风、从众行为，因此也被称为“从众效应”“从众心理”。现实生活中，很多消费者饱受羊群效应的困扰，盲目跟风，购买一些根本不需要的产品。销售人员要抓住人们随大溜式的消费习惯，从而分得一杯羹。

喜欢看动物世界的读者都会注意到，羊群是一种很散乱的组织，平时在一起也是杂乱无章，左冲右撞，但如果有一只头羊动起来，那么其他的羊也会不假思索地跟随，全然不顾前面可能存在的危险。因为领头羊是在羊群优胜劣汰的竞争中脱颖而出的，具有很高的权威性，加上羊群的跟随天性，只要领头羊一走，羊群就会紧随其后。因此，心理学家将人们的从众心理命名为“羊群效应”。

关于羊群效应，有很多有趣的心理学实验：

例如，有心理学家在一群羊面前横放一根木棍，以此挡住羊群的去路，这时一只领头羊一跃而过，后面的羊群则紧随其后，一只一只地跳了过去；这时，心理学家拿走了那根棍子，可是后面的羊走到这里，仍然像前面的羊一样，向上跳一下，尽管拦路的棍子已经不在了。

法国博物学家、昆虫学家让·亨利·法布尔也曾做过一个很有名的松毛虫实验。他把若干松毛虫放在一只花盆的边缘，使其首尾相接成一圈，在花盆附近，撒上它们喜欢吃的松叶，这时松毛虫开始一只紧跟一只地绕着花盆转圈。没想到，一星期过去了，松毛虫大部分因饥饿劳累而死。

动物无法逃避羊群效应，那么聪明的人类呢？北大管理课上，讲到过一个心理学家阿希的线段判断实验：

一批志愿者来到实验室，看到已经有 6 名被试者坐在那里，实际上他们都是阿希的实验助手。阿希拿出了一张卡片，左边有 1 条标准线段，右边有 3 条线段，旁边分别标有 A、B、C。阿希问被试：A、B、C 中哪条线段和标准线段一样长。

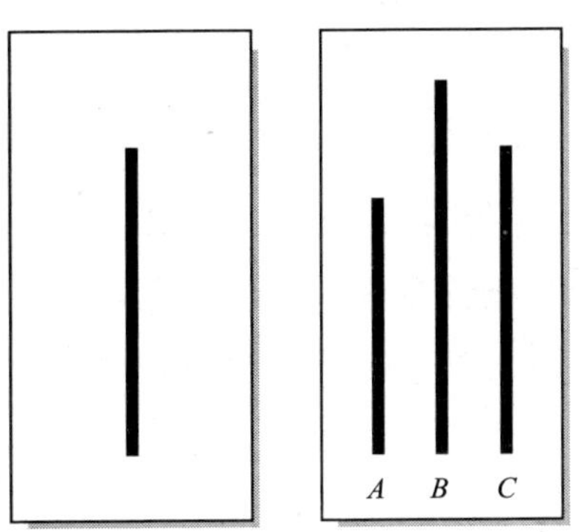

这是一个显而易见的问题，但结果却出人意料。实验前两轮，阿希的 6 个助手选择了正确答案，但从第 3 轮开始，他们一致选择了错误的答案。这时，有人开始犹豫，并跟随这 6 个人选择了错误的答案。

结果是，至少有 33%的被试者出现了从众行为，另外在整个实验过程中，有 76%的人至少有一次从众行为发生。

看吧，这个世界上最聪明的生物，同样无法摆脱从众行为的困扰，而当这种行为演变至商场，你知道意味着什么吗——金钱！

对于销售人员来说，消费者的盲从心理是赚钱的良机，利用好消费者的该项心理习性，会让你的业绩突飞猛进。

当年，我在做小买卖的时候，就成功运用过这些招法，虽然没有什么值得吹嘘的地方，但确实促成了销售行为。

我开过很多小店，有蛋糕店、炸鸡店等。以蛋糕店为例，我烤的蛋糕味道还不错，但关键是便宜，有点像现在街头的手撕面包连锁店。当时我的定价是 8 元 1 个，15 元 2 个，走的就是实惠路线。面包个头很大，味道跟味多美、85℃、巴黎贝甜这些肯定没法比，但是比超市那些同价位的好吃，毕竟是现烤面包。

我的小店刚开业就很火,在于我成功抓住了消费者两方面的心理需求。

(1)便宜:便宜而且不难吃,不怕没人买,迎合了追求性价比的客户群。

(2)从众:从众心理则是我耍的小伎俩。刚开业的时候,我特意找了一群哥们排队,同时使用开业促销的手段,10 元 2 个面包,故意营造出销售火爆的局面。刚开始都是哥们,反复过来排队买面包,之后有人跟着买,然后队伍越来越长,大老远就能看到,很快在小区传开了。加上味道还不错,又实惠,每天购买的人很多,忙不过来了,为此还雇了 2 个人帮忙。

这样的营销手段很常见,尤其是新店开业的时候。比如饭馆开业,老板都会邀上亲朋好友,把饭馆坐满,毕竟饭馆靠的就是人气。人们心想,饭馆冷冷清清,一定是饭菜不好吃。而一旦人气旺了,人们就会认为这家的菜肴口味很好,所以才会这么火。

在我家附近有条街,两家烤鱼店并排营业,一家装修较好,人气很旺,周五的时候总是满的;另一家则毫无人气,即将倒闭的样子。两家店的烤鱼我都吃过,很奇怪,那家人气旺的烤鱼做得很一般,反而快倒闭那家的烤鱼更好吃一些。

我请朋友吃饭,周一去吃人气旺的那家,周五去吃没人气的那家。分别请了两三个人,然后问他们哪家好吃,无一例外,都说人气旺那家的烤鱼好吃,而且相当自信,甚至对那家没人气的烤鱼店嗤之以鼻,认为鱼不新鲜。

这也算是我自己做过的一个试验吧。我问过饭馆老板,也亲自看过,老板说自从电视上曝光之后,他们用的都是活鱼,现宰现做。我又问他为什么大家都觉得前面那家更好吃,老板不屑一顾,“那家的我吃过,不如我家好吃,真不知道为什么他们那么火。”

人气旺的饭馆就会导致随大溜的消费群体，即便是陌生人路过此地，肯定是走进人多的饭馆，这是从众心理导致的消费行为。

销售人员一定要吃透人们的这一心理特点，适当使用一些营销技巧，例如我之前用过的找人排队就是一种销售技巧，然后引发人们的从众性，继而促成销售。

北大心理学堂：消费者的从众购买心理

1. 从众消费示意图

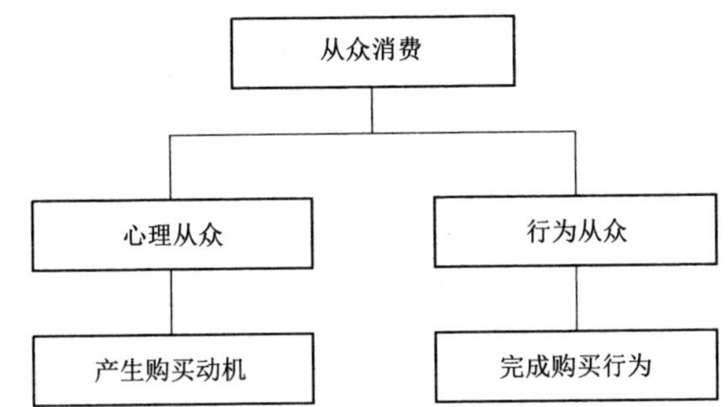

2. 如何激发客户从众心理

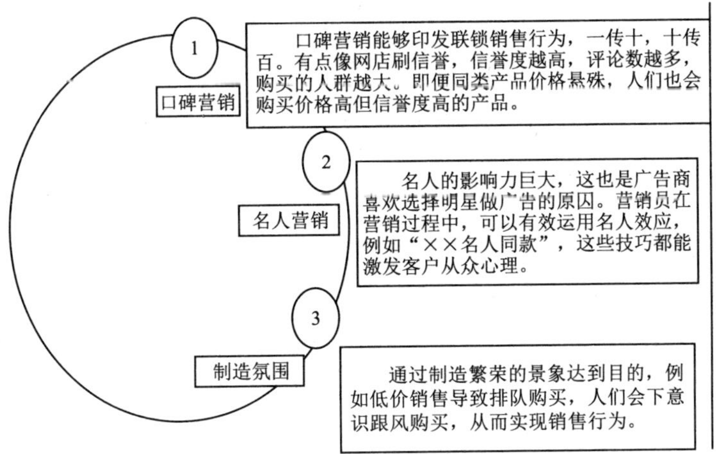

暧昧营销——巧妙利用吸引力法则

这里所说的暧昧营销绝非社会上流行的色情营销，例如前段时间炒得很热的优衣库事件。营销要有创意，但绝不能挑战法律与道德底线。所谓暧昧营销，实际上是魅力营销，指的是销售人员利用两性相吸的吸引力法则，通过自身魅力吸引并让消费者产生好感，从而促成销售的行为。

两性相吸是一种自然规律，没人能解释它的神奇之处，我猜是因为性激素的作用吧。在销售过程中，善于利用两性相吸的神奇法则，可以有效促成销售行为。

对于一名销售人员来说，初次接触客户的过程中其外貌的作用相当明显，据我估计至少在90%以上，而男性客户受此影响更大。

对于男人而言，女人的外表永远是第一位的，其次是身材。男人大脑处理视觉信息的能力较女性来说更为活跃。女性同样受到外表吸引，但美国加州心理学临床教授 Louann Brizendine 说过："女性的大脑中，通常会更快地整合各类信息，其中也包括外貌，但是它的比重并不是很大。"

因此，女性销售人员在暧昧营销方面具备更大的优势。这也解释了很多行业都会选择脸形漂亮、身材姣好的女性作为销售人员，例如房地产。

售楼小姐这个称呼现在没有那么热门了，但是在房地产市场火爆的那几年，售楼小姐绝对是人们茶余饭后的谈资。早些时候，我在京广中心酒店物业部工作过，后来转到了公寓销售部，之后跳槽去了"澳门赌王"何鸿森旗下的一座酒店式公寓继续做销售（之后被奥克伍德收购），我发现女性销售员的优势很明显，尤其是漂亮女孩。

在这两家公司工作的时候，销售冠军无一例外都是女性，而且都是漂亮女孩，这也在一定程度上削减了男性业务员的积极性，以及导致其他女孩的嫉妒。

在何鸿森旗下酒店式公寓，客户都是有钱人，大部分都是公司老板，每个月租金两三万元，他们来酒店咨询时，公司会委派专人跟进，但事后发现效果并不好。渐渐地，领导发现只有固定几个漂亮女孩能成功签单，所以后来将有实力的客户直接分给了她们。

也有随机过来咨询的，进了销售部，只要是男性客户，在没有女伴陪同的情况下，他们会下意识地走向那些漂亮女孩。

脸蛋儿是天生的，而后天的努力也可带来良好地效果。没有漂亮脸蛋儿，你可以学着化妆、塑型，魔鬼身材对男人同样具有杀伤力。我在招聘销售人员时，也会选择漂亮女孩，但是庙小留不住大神，所以不敢奢望十全十美的姑娘，那些长相一般但身材标准的女孩成为我的首选。为了培训她们，我甚至专门请过形象设计师，教她们如何化妆，如何打扮。化妆真是一件神奇的事，高超的化妆技巧完全可以改变一个人的面貌。

除了脸蛋儿、身材之外，男人最看重的就是气质了，这也是很多销售人员最欠缺的。由于销售门槛儿低，初入这行的人大都没有太高的学历，书读得不多，气质欠佳，言谈举止不到位。不要说那些素养很高的有钱人，就连我这样的小老板也有点看不过去，但是气质修养并非一朝一夕之事，需要积累。

我也曾给员工团购相关书籍，但发现没人感兴趣，随手丢到一旁。气质修养没有速成课，如果你想成为销售大师，必须从点滴积累做起。

做公寓销售时，给我印象最深的是一位叫夏天的女孩，长相很一般，但是身材标准，气质绝佳，尤其是她的乐观性格，脸上总是洋溢着甜美的笑容，这也使她连续多个季度成为公司销售冠军。销售部的其他女孩出于嫉妒，与她关系并不好，但小姑娘总是能很好地处理人际关系，至少表面上都是笑呵呵的。

夏天从不与我们争抢客户，因为她知道，公司会把重要客户分配给她，而且有很多客户来了几次之后，点名要找她谈，这也让其他销售员很无奈。

上述均说明两性相吸的魔力，这是亘古不变的吸引力法则。该法则对于男性销售人员同样适用，虽然女性客户对男销售的外貌并没有那么看重，但是同样希望接待者拥有良好的形象。

男性销售可以在衣着、言谈方面下功夫，整洁的着装、较高的专业素养都会吸引女性客户，相比外貌，她们更关注男人的素质。

北大心理学堂：魅力营销手段

魅力营销五大常用技巧

1. 形象吸引

形象吸引不仅仅体现在异性之间，任何人都希望与外表出色、穿着整洁的人打交道。房产中介就是例子，那些形象较好的销售人员，业绩往往更出色。作为销售人员，个人形象永远是最重要的，无论男性销售员还是女性销售员，都应该在这方面多下功夫，这是吸引客户的第一步。

2. 言语刺激

言语刺激并不是指诱惑性或暗示性语言，而是通过声音、谈吐、富有魅力的语言吸引客户。我见过很多销售员，有些人声音很有磁性，听着就舒服；有些人很健谈，聊天让人心情愉快……这些都是销售人员语言天赋的展现。

- 用客户听得懂的语言介绍产品；
- 不会讲故事的销售出不了好业绩；
- 说话要打动客户的心而不是脑袋；
- 没有客户会拒绝乐观幽默的家伙。

3. 专业素养

客户是为了产品而来,最终会吸引客户的不是多么高深的技巧,而是产品。所以,销售人员的专业素养非常重要,如果你对产品"一问三不知",想必没人会跟你成单。销售人员要不断加强专业素养的训练,此外还要有意识丰富"课外知识",知识越渊博的销售员业绩越出色。

4. 塑型训练

Burnham 是一位资深魅力教练,为世界 500 强企业服务,受聘于美国各地的公司,专门培训公司高管。他说过:"魅力是每一个想要卖东西无论卖的是思想、产品还是自己的人都需要的东西"。

将他的魅力塑造技巧与销售行业结合如下:

(1)站直身体:站直身体会让人看上去更自信、更冷静,这也是销售人员最需要的气质。

(2)握手的方式:握手是传递信心、展现形象的方式,适当的方式与力度,将会让销售人员看起来颇具优雅风范。

(3)眼神接触:保持眼神接触,显露真诚,但不要死死盯着客户看。

(4)降低声调:客户不喜欢大嗓门,声音低沉放松会显得更可信,更能引起旁人的注意,同时要注意发音清晰。

(5)回答之前停顿一下:与客户交流的时候不要太着急,回答任何问题之前默默吸一口气,稍事停顿有助于客户跟上你的思路,也方便自己思考。

(6)减少多余的点头行为:不停点头会破坏个人形象,不利于集中注意力,微笑示意,偶尔点头就行。

(7)以倾听为主:优秀的销售员并不是滔滔不绝讲个没完的那种人,而是懂得倾听,根据客户需要回答问题,凡事以客户为主。

(8)眉毛高挑并微笑:"挑眉毛"是一种颇受欢迎的身体语言,辅以适时的微笑,会让客户感到舒服。

(9)乐观,把笑容挂在脸上。

没有人喜欢过于严肃的销售员,保持乐观的情绪,时常把微笑挂在脸上,客户也会感到快乐。

5. 异性相吸

根据两性相吸的吸引力法则,销售人员可以成功促成销售,这其中有一些小秘密你需要知道,说不定就能帮到你。

(1)我们会被与父母相似的人所吸引:研究显示,人们比较容易被熟悉的事物吸引,早期照顾者对我们的影响较大。2013 年的一项研究显示,针对 2278 名 25 岁以上的被试者进行调查,发现他们认为最具性吸引力的年龄,刚好都符合到当年爸妈怀着他们的年纪。

(2)我们会被长得跟自己相似的人所吸引:人们常说的夫妻相是有一定根据的。相关专家在 2010 年进行过一项实验,研究员提供给接受实验者三张照片:陌生人的形象、用被试者照片生成的形象、用父母照片生成的形象,实验结果显示,人们普遍认为由自己照片生成的形象最具吸引力。

Part Three

心理暗示快速成单技巧

利用心理暗示技巧，是快速攻克客户的关键。有些时候，有些话不宜直说，反倒通过暗示的方法能够迅速达到目的。

销售员自我期待定律

自我期待定律实际上是一种心理暗示，通过自我期待增加信心，实现自我激励的目的。对于销售人员来说信心真的非常重要，尤其是初入这行的年轻人。我曾见过无数人因为信心受挫而放弃，还没有开始，就认定自己做不了销售这一行。

北大心理学教授曾经给我们讲过心理暗示的作用，他提到了正反两个案例。

有一个心理学实验，执法者告诉一位死囚犯，他将被执行死刑，方式是放血而死，直至流干最后一滴血。

这位犯人同意了，静静地等待行刑的那刻。期间，他听到隔壁的护士与医生正在忙碌着，准备对他放血。不一会，护士过来了，护士在他的手臂上用刀尖轻轻划了一下，然后在他手臂上方用一根细管子放热水，水顺着手臂一滴一滴地滴进瓶子里。

犯人由于被蒙上了双眼，什么也看不到，只觉得自己的血在一滴一滴地流出。滴了 3 瓶，他已经休克，滴了 5 瓶他已经没有了呼吸。

这个犯人死了，但是并不是因为失血过多。实际上，护士根本没有划破他的血管,他死于消极的自我暗示。

教授还讲了一个积极暗示的例子:

1983年,有一位美国击剑运动员闯入了决赛,但他的对手是一位曾经两次击败过自己的古巴选手,他非常失望,认为自己不可能赢得比赛。

由于美国与古巴的紧张关系,这场比赛的价值绝不仅仅局限于体育领域,所以美国方面派出心理学家为他治疗。专家反复播放一段讲话,叙述在未来的比赛中,那位古巴选手反而害怕他的理由。

美国运动员反复听了几十次,越听越有道理,便从恐惧的情绪中解脱出来,并在泛美运动会上战胜了对手,夺得了冠军。

这就是心理暗示的神奇作用。在销售过程中,学会运用积极的心理暗示,可以帮助销售员提升业绩。

大部分销售人员都要经历初期的阵痛。一次次失败,一次次被羞辱,对于年轻人来说绝对是一种折磨,没有强大的内心的确很难撑下去。

我们经常见到一些理发馆、休闲会所、餐馆等服务场所的员工,在每天上班之前、下班之后都会做一些自我激励练习,很多人认为这是培训机构的强化式训练。

一群人当着街上很多人的面又跑又跳,又唱又嚷,的确有些难堪,还会遭到路人的耻笑。很多人对此不屑一顾,那为什么企业主还是坚持这样的培训呢?它是有一定作用的,这是一种心理磨练。

从事服务工作的人,直接面对客户,尤其是低薪服务人群,面对形形色色、素质不高的客户群体时,压力是可想而知的。在一线城市,消费者的素质普遍较高,其他地区的服务业者面临的压力更大,薪水更低。

以饭馆就餐为例,在发达国家,服务生是很受尊重的,至少表面上如此。尤其是一些高档餐厅,顾客素质较高,用餐之后都会给予小费表示谢意。而在国内,服务生的待遇正好相反,尤其是前几年,人们刚有点钱,开始频繁下馆子,每个人都把自己当做上帝,认为餐馆吃饭是一种很了不起的行为,对服务生指手画脚，稍有怠慢甚至出口伤人。

服务生虽然每天都在从事简单的工作，但是压力一点不小，他们面对的是形形色色顾客的直接压力，被“呵斥”已经成为家常便饭。

尊重他人是一种基本素养，在大环境远未达到这种境地的今天，服务业者必须从自我做起，培养强大的心理承受力，否则无法在这一行立足。

强化式培训虽然看起来有些荒诞，但其实比较磨练人，如果你能够当着陌生人的面又蹦又跳，又喊又唱，说明你的承受力不错。通过这样的训练，能够达到自我激励的目的，提升信心。

在管理课上，老师经常提到这个心理学方面的专有名词——“皮格马利翁效应”(Pygmalion Effect)，指人们基于对某种情境的知觉而形成的期望或预言，会使该情境产生适应这一期望或预言的效应，该理论由心理学家罗森塔尔提出。

你所期望的事情，一定会积极争取，你为之付出努力就有很大的可能实现，这就是皮格马利翁效应的理论。所以，当一个销售人员通过期待定律进行自我激励时，就会促成销售行为，拿到订单。

关于皮格马利翁效应，罗森塔尔先是通过小白鼠进行试验，之后扩展到人类身上。1968 年，他和雅各布森(A. L. Jacobson)教授带着团队来到了一所普通的小学，这是随机选出来的学校。他们告诉教职人员，将要对学生们进行一项“发展潜力”的测验。

研究人员分别在 6 个年级的 18 个班里随机地抽取了部分学生，然后把名单提供给任课老师，并说明这些学生将会是该所学校最有潜力的一群孩子，一定要仔细观察，并且不能告诉学生本人。

8 个月之后，研究人员返回该小学调查，惊喜地发现，名单上的学生不仅在学习成绩和智力方面均有明显进步，而且在兴趣、品行、师生关系等方面也发生了很大变化。

罗森塔尔和雅各布森认为，“权威性预测”对学校的教职人员起了作用，从而引发了教师对这些学生的较高期望，起到了心理暗示作用。在教学过程中，教职人员会刻意培养这些在名单上的学生，最终导致“期望效应”的发生。

内心期待的事情不一定都会发生，但是我们会因为期待而产生强烈的行动意愿，向着内心期待的方向努力。作为销售人员，通过心理暗示实现自我激励是非常重要的，首先要形成强大的内心期许，这是促成销售的基础。通过自我期待，想象出更出色的自己，想象达成更高的业绩，在积极的心理暗示作用下，会激发出个人潜能，更加努力地工作。

北大心理学堂：销售员自我心理暗示训练

1. 信心激励

信心激励是销售员最基础的心理暗示训练，优秀销售人员每一天都会进行自我激励，他们对自己有着严格的要求与自我期许，每天结束之后，会进行一天的总结以及为新的一天定下目标。

任何出色的销售人员都离不开强大的内心支撑，他们强大的自信心就源自于不断自我激励，通过想象自己成功之后的样子获得自信，从而使得不断提高，更加出色。

2. 业绩激励

业绩激励实际上是一种自我施压模式，总是以更高的业绩激励自己。需要注意的是，不能单纯的期许更高的压力，即业绩目标要与实际能力相符。举例来说，今天你完成了 10 万元的业绩，明天可以将目标的提升幅度限制在 20%以内，不要给自己太大压力，成长是一个循序渐进的过程。

3. 情绪激励

销售员由于工作性质的原因，需要直接面对客户，面临很大的压力，这就需要善于调整情绪。销售员出现情绪低落是很常见的情况，面对挫折与失败,要学会自我激励,提振情绪。越优秀的销售人员,越能在短时间内恢复情绪,调整到最佳工作状态。

4. 视觉激励

视觉激励,指的是可视化目标,通过视觉刺激激发工作动力。例如,你想买一部最新的 iPhone 手机,可以把手机的照片贴在看得到的地方,如家里的天花板上,镜子上,确保一睁眼就能看到;贴在办公桌上、计算机上,工作时间看到它会更有干劲。假设你的同事都用的是 iPhone X,而你还在用 iPhone 5 甚至更老的款式,你的嫉妒心也会激励自己努力工作。总之,视觉激励的方式更为直观有效。

言语暗示——快速成交的催眠技能

北大管理课上,曾经讲过法国治愈大师库艾的案例。他曾经利用言语暗示的技术,治愈了成千上万的病患。他是潜意识治疗大师,在世界各地进行演讲时,得到了人们的疯狂追捧。

曾有一位患了 25 年鼻窦炎的男士,做了 11 次手术,可他还是感觉不舒服,“鼻窦炎”还是很严重。他非常痛苦,后来找到库艾先生。

库艾大师利用言语暗示的方法进行治疗,通过几个月的治疗与练习,这位男士奇迹般地“康复”了,而且再没有“复发”。

在所有暗示方法中,言语暗示是最直接且效果最好的一种,也是相对于其他暗示技巧更好掌握的一种,不过精通不容易。熟练运用言语暗示技巧,能够达到催眠攻心的效果,从而实现快速成交。

言语暗示实际上就是在对客户进行催眠式销售,通过谈话将客户引入相应的情境之中,当谈话完全进入销售员掌控的节奏之后,销售成单的概率就会大增。

我见过一名房产中介人员,绝对是催眠销售方面的高手,也许他并不知道自己是在对客户催眠,但是他总可以轻松地将客户(至少我是被他牵着走的)引入相应情境,从而说出他自己的那套固定说辞。

我在北京是租房子的,之前因为没钱买不起,现在是觉得不合适。另外我喜欢通过改变环境增加生活的新意,同时可以认识更多人。所以,我认识很多房产中介人员,年轻人居多,只要肯吃苦,在北京绝对不怕赚不到钱,甚至比一些所谓的公司白领还要多。

在这些人中,大部分处在销售生涯的初级阶段,不过也有高手。据我了解,那些业绩最高的销售员,很多不是跑得最勤的,而是最会说话的。

我见过的那位销售高手,他带我看房子,简单了解我的需求之后,开始跟我聊天。我很意外,我是一个强调性价比的人,说白了就是又没钱要求又高,很多人听完我的要求都会出现一些消极表情,或鄙视,或轻蔑,或嘲讽,最好的情况则是一笑而过。

我那会儿不着急租房,只是想看看,更多的是想多接触人,学习技巧与经验,毕竟我那会还在京广中心做公寓销售,之前是从财务部跳过去的,缺少经验,借机出来学习学习。

我记得当时锻炼最大的就是脸皮变厚了,虽然我是客户身份,但是我的要求确实有些过分,以至在电话里进行沟通时,对方直接拒绝了我,没办法我只能去房产中介的门店。

换了很多房产中介,他们都不再跟进。有一个叫小峰的业务员,在听完我的要求之后表情坦然,开始跟我聊了起来。

我当时的要求,“一居室、整租、高层;朝南,最好是卧室跟阳台都朝南;带阳台、精装修、家电齐全;2 500 的预算”。

可能还有一些附带要求,总之考虑到当时所在区域的租房均价,我的要求比较高,实际上可选择的余地很低,或者说几乎没有。

在北京,每个销售员手里的房源并不多,我也清楚这样的要求很难碰上合适的,实际上我的目的就是多看看房,跟着多学点东西。

小峰在听完我的要求之后并没有失去耐心,虽然他很清楚,这样的要求几乎是无法成交的。与其他人果断放弃不同,他开始通过言语暗示的方式引导我,一步步进入他设定好的情境,当时我一点都没有意识到。

“我分析了一下,您的要求基本锁定在老房子,我对这一片很熟,手里也有相似的房源,不如我先带您转转,看看感觉?”

(试探性暗示,目的是引出更多可能的机会)

“可以啊,多看看。”

“这片很多房子我都看过,当你看完以后肯定会觉得不错,采光很好,装修也不错,而且我个人也喜欢阳台,晒晒太阳很舒服。”

(“当”这个词运用的非常好,肯定性暗示,远比“如果”“假如”这些带有疑问性质的词汇更好。“当你看完以后肯定会觉得不错”,已经在客户潜意识里灌输了积极的印象,激发了客户的好奇心与占有欲。相反,“如果你看完以后觉得不行”,这类就属于消极暗示,很可能让客户失去兴趣)

“到了,这间房是这片比较典型的户型,房东已经把钥匙给我们了。走,咱们进去看看。如果喜欢,咱们还可以摆摆家具,弄出想要的格局,这样看上去更直观。”

(“咱们”一词成功拉近了关系,如果改为“你可以摆摆家具”,感觉则要生硬的多。)

在看房的过程中,阿峰多次使用肯定性用语进行暗示,“肯定喜欢”“阳光充足”“冬暖夏凉”“质优价廉”“明智的决定”,而从不用否定性词语,而且他还通过提问的方式让我给出肯定性回答,逐步引导,让我感觉很满意。

最后,我虽然没有在这个小区租房,却一直跟小峰保持联系,也是通过他签到了一家性价比很高的房子。直到现在,我一旦有搬家需求,都会麻烦他帮我找房。

我想,这就是一位成功的销售员,不仅会做人,更重要的是擅长运用言语暗示的销售技巧，让客户在不知不觉中进入设定好的情境之中，最终向着有利于成交的方向迈进。

北大心理学堂——催眠式销售话术

在不同销售情境之下，所运用的催眠话术是不同的，下面选取一些常用话术进行解释。

1. 直接暗示

语言特点：简单直接，语气肯定，自信。

适合对象：性子急、没耐心、时间紧的客户。

语言模版："你的选择是正确的""我家的产品是最好的"。

2. 语气暗示

语言特点：在重点内容上加重语气。

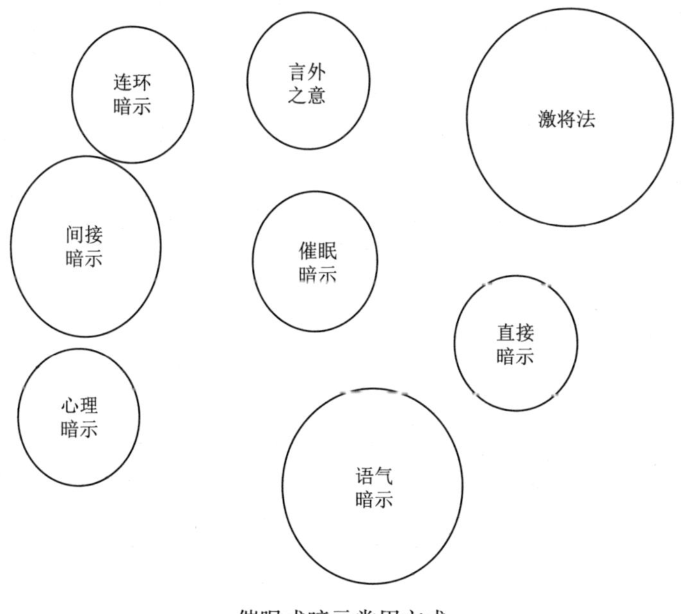

催眠式暗示常用方式

适合对象:爱面子,情绪化客户。

语言模版:“是您签字还是夫人签字?”(前半句“是您签字”需加重语气,暗示谁是一家之主,谁拿主意。往往男人都是最终决定者,爱面子,所以暗示语气放在前半句)。

“是您掏钱还是您夫人?”(暗示语气放在后半句,因为管钱的往往是女主人,这样也能调节气氛,达成快速成交)。

3. 言外之意

语言特点:旁敲侧击,对比暗示。

适合对象:容易受言语暗示影响的客户。

语言模版:“您真有眼光,大家都选择这一款”“一般文艺范的客户都选这个”“一看您就是有文化的人”(有文化、有品位的人肯定不能选择太便宜的)、“看您这身打扮一定是成功人士,选这款没错”(提高客户身价,让他们不好意思砍价)。

4. 激将法

语言特点:刺激性语言,但要注意尺度。

适合对象:爱面子、情绪化、自尊心强的客户。

语言模版:“要不您在征求一下家人的意见吧?”(“要不”显出很无奈的语气,客户受到刺激,往往会自己做主成交)。

销售情境语言技巧精选

由于篇幅有限,选取两个关于客户砍价情境的案例,予以参考。

销售情境 1:客户砍价

情境分析:砍价是最常见的销售情境之一,也是客户正常的消费心理。需要注意的是,这并非决定客户是否购买的主要问题,即便客户已经下定决心购买,一样会跟你砍价。这是客户的习惯性用语,销售员不要被误导。如果你说“价格好商量”，则会陷入砍价的拉锯战；如果你说“不能降价了，这是底价了”，这种消极回答很可能导致销售失败。

应对方式：当消费者提出砍价要求时，说明他们关心价格，但并不一定是觉得贵，或者说不降价就不买。销售人员应当因势利导，让客户关注商品的品质、价值。把客户关心贵不贵改变为，值不值！

语言模板：“先生，我们的产品在同类产品中性价比极高，品牌也是有保证的，很少出现质量问题……”之后可以强调产品优势、特点。

“东西也不贵，好使最重要，您也不希望产品三天两头返修吧，还不够耽误时间。”（暗示客户产品质量过硬）

如果客户还是犹豫不决，说明他确实感觉产品价格略高。“您如果觉得这款商品的价格不合适，我给您介绍另一款性价比更好的……”（依然不降价，可以提供其他款式的产品）

销售情景2：杀价超过产品底线

情境分析：客户的杀价超过公司能接受的底线，依然试图跟销售员砍价，这时如果给予否定回答，很可能错过客户，很多销售员确实是这么做的，因为他们看上去没有更好的办法了。“价钱确实不能再让了”“这是底价了，不行您就去别家看看吧”，这些回答90%会毁掉这笔单子。实际上，客户有时候并不是非得让你降价，只是没有找到“买单”的台阶。有心购买的客户，发现没有降价空间之后，都会选择成交，这时需要的是一个“台阶”。

应对方式：如果生硬回绝，这一单肯定“黄”了。优秀销售员是不会绝望的，即便是价钱无法让步，也会通过暗示的方式稳住客户，即便这单做不成，也还有其他机会。

语言模板：“您好，这款商品确实不能给您降价了，但是我敢保证，如果您在其他家买到更低价格的商品，我们双倍退钱”“一看您就是行家，看准了这款。这款产品的确是同类产品中性价比最高的，相信您一定知道一分钱一分货的道理……”

(实际上,砍了半天,客户也累了,他们已经意识到无法降价了,这时需要一个台阶,如果销售员找到这个点,比如赞美客户,那么十有八九对方会掏钱买单的)

情感暗示——纽科姆人际相似效应

情感暗示属于心理暗示的一种,利用人际相似性拉近彼此心理距离,从而促成销售。北大管理课上,提到过美国著名心理学家纽科姆在 1961 年做过的实验,叫做相似人际关系实验。该实验目的主要是验证在人际交往中,心理相似的人对待事物的态度是否一致。

纽科姆选取了美国密歇根大学的 17 名大学生作为实验对象,为他们提供 4 个月的免费住宿,但是作为交换条件,他们必须定期接受谈话和测验。

在学生们进入宿舍前,研究人员调查了他们关于政治、经济、审美、社会福利等方面的态度和价值观,以及每个人的人格特征,之后将学生们混合安排在几个房间里一起生活 4 个月。

4 个月之后,研究人员再来测定这些学生对上述问题的看法和态度,同时,让他们相互评定寝室的人,喜欢谁或者讨厌谁。调查结果显示,在这些学生相处初期,空间距离的邻近性决定了人际之间的吸引程度,即同寝室的学生关系较为亲密;到了测试后期,相互吸引发生了变化,态度和价值观越相似的人,相互间的吸引力更强。他们会在情感上产生共鸣,相互支持,关系较好。

纽科姆的相似人际关系实验持续了两年多,选取不同地点,不同对象,结果都证实了这一观点。

根据纽科姆的人际相似实验,销售员在与客户接触的过程中,可以通过情感暗示的方式拉近关系,如果客户有意向购买,又跟眼前这位销售员在很多方面很谈得来,那么这笔单子成交的概率就会大增。

电影《当幸福来敲门》里面有个桥段,主人公加德纳通过观看橄榄球,结识了一大批客户,从而拿到了很多订单。著名销售人杰弗里·H·基特玛说:“(我们需要)寻找客户感兴趣的共同话题。假如你找到了与潜在客户的共同点,他们就会喜欢你,信任你,并且购买你的产品。”

寻找与客户的兴趣点,这就是情感暗示的方式之一,是在拉近与客户的关系。情商高、经验丰富的销售员在这一点上做得很好,他们也许没听说过纽科姆人际相似效应,但是在实际工作中却做得很好。

安琪是一位女强人,现在是某4A级广告公司的销售总监,她的情商很高,同理心较强,在与客户谈判过程中,总是能够快速发现对方的兴趣点。由于她的知识渊博,兴趣广泛,很容易找到共同话题,再加上安琪本身是一位大美女,所以客户很快会跟她混熟。

安琪做出今天的成绩并不容易。名校毕业,天生丽质,博学多才……她所付出的努力跟她的收入是完全成正比的。当她还是一名普通的广告销售员时我们就认识了,那会儿她会看很多杂书,跟她的专业毫不相干。一次,我看她在翻看北岛诗集,感觉一点不像她这个年龄小姑娘该做的事,于是问她原因。

安琪告诉我,她的父母都是大学老师,从小自己就喜欢读书,而且很杂。进入广告圈之后,她的才华帮了不少忙,在与客户交流过程中,她总是能轻松跟客户展开交流,并迅速发现客户的有趣点。实际上,她并不是真的对客户所谈内容感兴趣,而是都知道一点,并很快进入状态。

一番畅谈之后,她往往比客户知道得更多,从而引发他们更浓厚的兴趣,再加上她的美丽外表,一般都会有更进一步的交流,从而完成最终的签单任务。

一次,安琪遇到了一位对艺术感兴趣的客户,其实对方只是喜欢画画,偶尔看看画展,觉得自己品位出众,跟凡人无法交流。安琪与客户初次见面之后,很快发现了对方的特点,并通过莫奈的名画《阿尔让特伊大桥》作为切入点,点燃了客户的兴趣点。

这是一位大客户，所以平时围在他身边的销售员不计其数，很多人也发现了他的喜好，于是恶补艺术方面的知识，但是他们只能恶补皮毛知识，无法深入交流，这位大客户一听就知道是拍马屁的，所以跟他建立深度交流的很少。有些销售员知道《印象·日出》，知道《睡莲》，但是再往深里聊就不知道了；而安琪从小就在艺术修养方面有着比较深的修养，谈起来更是滔滔不绝，很多东西完全超出了客户的认知范围。

这位大客户对她非常仰慕，安琪也很聪明，只谈兴趣不谈工作，甚至经常邀约客户去看画展，渐渐地，他们成为很要好的朋友。带着一位才华横溢的美女出席各种活动绝对是很有面子的事，尤其是对方还与自己志同道合。

当你与如此重要的客户成为了朋友，那么就再也不用担心业绩的问题，安琪也是凭借这个人带来的业务量，一举成为了销售部经理。她能年纪轻轻就当上4A级广告公司的销售总监，主要靠的就是纽科姆人际相似效应，当然这一切都离不开博学多才与天生丽质的底子。

北大心理学堂：纽科姆人际相似效应技巧

1. 敏锐的洞察力

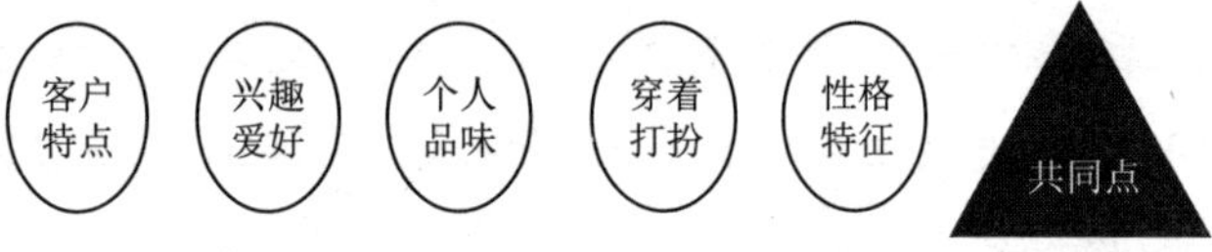

销售员要在尽可能短的交流时间内挖掘客户身上尽量多的信息，然后迅速汇总，找出你与客户身上的共同点，为进一步交流打好基础。

2. 积极沟通＝大量信息

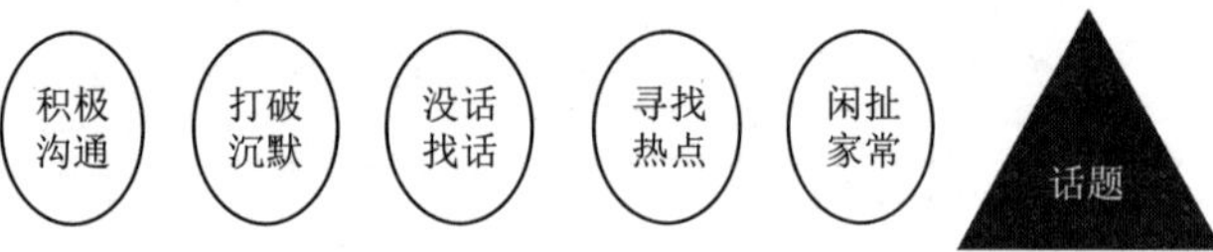

只有沟通才能获得更多信息。有些客户不爱说话,这就要求销售员善于寻找话题。在试图打开对方话匣子的过程中,避免触及客户反感或不感兴趣的内容,比如隐私。一旦发现客户出现反感立即转换话题。记住,没话找话也比无话可说要强。

3. 赞美是最简单的切入点

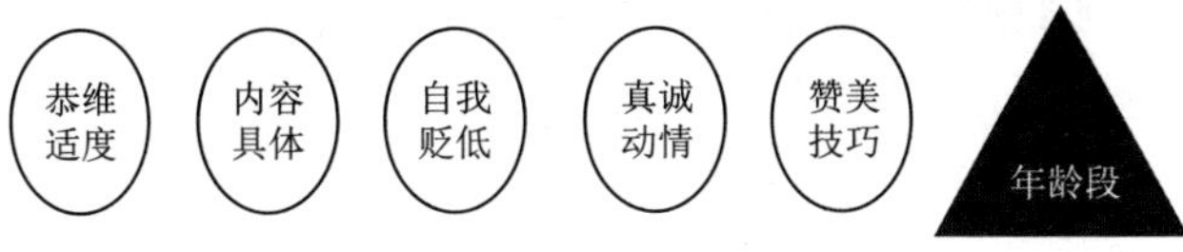

赞美永远是最佳切入点,没人不爱听恭维话,关键要适度,内容具体,真诚动情。适当的时候,还可以通过自我贬低以抬高客户。在你找不到任何相似性的时候,通过赞美的方式同样可以拉近彼此关系。赞美有很多技巧,这也是销售人员的必修课,其中按年龄段划分很重要。

- 0～10 岁客户群的赞美技巧:不要小看幼儿客户群,实际上他们才是消费大户,可以赞美孩子“有礼貌”“学习好”“动手能力强”等。当然一定要当着家长的面说,毕竟最终掏钱的还是他们。

- 10～20 岁客户群的赞美技巧:青少年群体同样不是主要客户群,而且处于青春期的孩子具有一定的叛逆性,所以赞美必须谨慎,否则会适得其反。这一年龄段的孩子,很多面临升学压力,所以如果能在学习上帮上忙,将会很容易与客户建立客情关系。

- 20～30 岁客户群的赞美技巧:刚刚步入社会的年轻人,比较在乎的是职业发展前景,销售人员如果可以从职业规划方面提供帮助,则更容易被客户接受。

- 30～40 岁客户群的赞美技巧:这部分客户往往经济实力最强,也是主要客户群,大多数人已经在事业、家庭方面小有成就,而且具备一定的知识与阅历,如果销售员能以请教的方式切入,并适时赞美,会非常受客户欢迎。

● 40～50 岁客户群的赞美技巧：这类群体最需要的是崇拜，销售人员要营造一种“成就感”。人过不惑之年，阅历丰富，见多识广，最需要的就是“教育”晚辈，这就要求销售人员虚心请教，更容易建立良好关系。

身体会说话，肢体暗示的销售技巧

语言交流是销售员与客户沟通的主要方式，但绝不是唯一方式；高超的口才与说话技巧固然重要，然而肢体语言也是心理暗示的方式之一，作为辅助形式，作用同样不可小觑。

销售员在介绍产品的过程中，为了给客户更直观的描述，除了生动的语言表现力之外，肢体语言的辅助表达也会起到暗示性作用。一些语言表达不及的地方，肢体语言往往可以更清晰地表述清楚，这也是一种很好的补充形式。

身体语言的暗示作用到底有多大？《身体语言密码》一书的作者亚伦·皮斯说：“销售中 60％到 80％的决定都是在身体语言的影响下做出的。”

20 世纪 50 年代，阿尔伯特·麦拉宾提出了著名的“麦拉宾法则”：评断一个人，根据语言得到的讯息（谈话内容、言词的意义）占 7％，从听觉得到的讯息（声音大小、语调等）占 38％，透过视觉得到的讯息（外在、表情、动作、态度等）占 55％。

人类学家雷·博威斯特也发现，在一次面对面的交流中，语言所传递的信息量在总信息量中所占的份额不到 35％，剩下的超过 65％的信息都是通过非语言交流方式来完成的。

专业人士的意见证明了身体语言的重要性，出色的销售人员，不仅需要出众的口才,也要具备利用身体语言进行暗示的技能,从而分析判断客户的心理变化,促成销售。

销售实际上是一场沟通博弈的过程,出色的口头表达能力配上到位的肢体语言,都能够让客户更清晰更全面地了解到你的想法。在这场博弈之中,销售员想要迅速说服客户,而客户也想以各种说辞获得更大的实惠。

并不是每一位销售员都是谎言辨别高手,语言的欺骗性太强,识别难度大,但是身体语言则很难说谎,销售人员可以通过识别客户的肢体语言判断他们真实的想法。同样,销售人员也可以通过肢体语言暗示客户,从而实现销售行为。

北大管理课上有一个很经典的悬疑案例:

一个女人报警称遭到了抢劫,男友被劫匪杀死了。警察赶到现场,问询具体过程,女人说他们当时正在海边散步,突然遭到一个蒙面歹徒抢劫,他的男友跟匪徒打了起来,结果被对方一刀扎死,之后歹徒开车跑了。

警察勘察现场,出事地点在海边的公路上,一边是大海,另一边是悬崖,前后都是看不到尽头的公路。月光很亮,照得四周十分清晰。

这时,经验丰富的警官开始询问女士:

"你的名字和住址是?"

"我就住在XX街XX号。"

"你与男朋友认识多久了?"

"大概3个月吧。"

"怎么认识的?"

"在舞厅里。"

"你们几点钟出来的? 几点钟到这里的?"

"晚上7点左右出来的,坐公车半小时到达那边的公交站,走到这里大约15分钟吧。"

“凶手开的是什么牌子的车?”

“丰田佳美。”

“车子是什么颜色的?”

“哦,黑色的。”女人思考了一阵,回答道。

警官仔细听着女人的回答,并注视她的眼睛。

谈话结束后,这位警官告诉手下人,仔细勘察现场,这个女人在说谎。

经过调查,真相大白,原来这个女人才是杀人犯。由于两人发生了争执,女人用事先准备好的匕首趁男人不注意杀死了他。

警官是怎么发现她在说谎呢?就是通过肢体语言!

警官在提问时一直注视着女人的眼睛,女人从自己的记忆中寻找答案,她的目光会不自觉地向右上方望去,之后问到凶手汽车颜色时,女人的目光却转向了左上方。如果她继续回忆当时的场景,那么目光应该不会变,继续向右上方望去,正是目光的突然转变,说明她在说谎,她在思考如何编造一个合理的颜色。

语言的欺骗性很强,对于销售人员来说,不可能百分之百地分辨客户的话,然而对方的肢体语言却很难说谎,这样销售员就可以轻易判断客户的真实想法,从而更好地进行沟通。

销售人员不仅要能够分辨客户的肢体语言,还要学会利用肢体语言进行暗示。这是一项很复杂的技巧,普通的销售员很难掌握,需要长时间的积累与练习。想学会这种技巧,先要从识别客户身体语言开始,例如在交流过程中,客户用手快速地摸了一下鼻子,很可能说明他在说谎;当客户双手交叉放在胸前,表情严肃的时候,也许你该结束这次谈话,因为这个动作代表了敌意……每一种肢体语言都反映了不同的含义,也可能是客户的无心之举,也可能反映出对方内心的真实状态。总之,读不懂客户的身体语言,就无法猜透客户内心的真实想法,从而为签单造成困难。

我公司有一位业务员,刚刚大学毕业没多久,有一次我带他去跑客户,沟通很顺利,即将签约时,客户做出双臂交叉抱于胸前的姿势,小孩想必是看过一些微表情的书,认为这是代表敌意的姿势,他赶紧询问客户哪里做的不好。实际上,我仔细观察了一下,客户虽然双臂交叉于胸前,但是大拇指却是向上竖立的姿势,这代表了肯定而非敌意,我的业务员误解了客户的意思,解释半天闹了笑话。

销售人员不仅要正确读懂客户的微表情,还要学会进一步发挥肢体暗示的作用,促成销售行为。例如,在与客户见面与告辞时,都主动握手,不仅是出于礼貌,更是一种对即将达成合作的信心展现;当感觉与客户谈得比较顺利时,还会时不时轻触对方的肩膀,表示认同,提升信任度,这样可以很好地拉近关系。这些肢体语言可以起到很好的暗示作用,在实际工作中,如果运用得到,效果都很不错。

肢体语言的形成除了一少部分来自遗传因素之外,其他都来自成长过程中不断学习、模仿。销售人员可以在长期的工作实践中,学习前辈的经验,通过肢体语言去影响客户,促成购买行为。

当意识到这一点之后,在初期的销售过程中会有意识加入肢体性暗示,不过由于不得要领,很多时候会造成尴尬的局面。不要怕,这是必经的过程。有一次,我故意拍拍客户的肩膀,结果导致对方下意识后退几步。事后我一想,那是一个女客户,我的举动略显轻浮。

这样的尴尬场景在最初的实习阶段绝不会少见。有时候我与一位高权重的客户初次见面,主动握手都会被拒绝,客户认为你不配,没资格,不屑与你握手。冷眼甚至嘲讽都不会少,但我从没停止过这样的练习,毕竟想做这一行,没点厚脸皮的精神是干不好的。

不过,根据我的推销经验,最初阶段不要急于试图与客户进行过多的肢体接触。握手除外,可以从站姿、坐姿以及一些面部表情下功夫,比如标准的站坐姿势,自信的表情,都可以向客户传达一种暗示,让他们对你以及你所推销的产品充满信心。关于肢体语言暗示的技巧有很多,下面的北大心理学堂板块重点介绍。

北大心理学堂:销售中的肢体暗示

1. 面部表情

(1)微笑:微笑是最基本的面部暗示语言,每一位销售人员应该把微笑挂在脸上。通过微笑,向客户传达善意,拉近彼此距离。微笑还可以传递出自信,一种对自己、对公司、对产品的信任,会让客户感到放心。

(2)眼神:与客户眼神交流是很重要的暗示技巧,眼睛可以传递出丰富的信息。眼睛直视客户是一种尊重,同时可以给对方留下深刻印象。心理学研究证明,人们对于直视自己的面孔印象更深,而闭着眼睛或左顾右盼的脸庞则会很快忘记。其次,与客户交谈时,不敢直视对方的眼睛,则会被认为怯懦与不尊重,你的自卑很难换来订单。

实验证明,当你的眼神从看其他地方变为直视对方时,会显得更有吸引力。运用到销售过程中,这样的小技巧会让客户感到被重视,成为聚焦点,说明你对他很有兴趣。

(3)瞳孔:瞳孔的变化可以判断一个人是否说谎,这是身体最诚实的部分,销售员可以通过瞳孔的伸缩判断客户的心理状态。爱德瓦斯·海丝通过实验证明了这一点。

瞳孔放大,说明对方感到快乐、兴奋,传递的是正面信息,表示一切顺利;瞳孔缩小,传递出来的则是消极信息。借此,销售员可以判断客户的心理状态,从而根据形势做出进一步的选择。

(4)眉毛:眉毛的高低变化也是一个人内心波动的表现。

眉飞色舞,说明客户很高兴,应及时跟进;

眉毛紧蹙,说明客户感到反感,适可而止;

眉端拧在一起,呈“川”字型,说明客户有疑问,马上解释。

(5)嘴唇:客户单侧嘴角微挑,表示轻蔑,可能是对你的资历不满,可以请示领导,以免错过订单。

鼻孔外翻，嘴唇紧抿，表示愤怒，销售员需要自我检视，看看哪里做的不好。

咬嘴唇则代表焦虑情绪，需要耐心解释打消客户的疑问。

2. 肢体语言

(1)站姿：销售员在与客户交流过程中，应保持标准站姿，即站有站相，坐有坐相。很多销售员不太在意，把平时的懒散习性表露出来，比如摇晃肩膀，不断前后换脚，这些小动作会让客户感到不耐烦；而弯腰驼背的习惯则会影响个人形象，这些都会影响到客户的主观印象。

(2)坐姿：过于随意的坐姿是非常不礼貌的，例如抖腿、二郎腿、岔开双腿等，既不雅又缺乏礼貌。标准的坐姿会向客户传递一种很正式、正规的信息，增加你的可信度。

(3)鞠躬：这是一种礼仪形式，在日本、韩国非常流行，然而国内很多销售员都认为这是一种屈辱性的表现。这可能是文化差异所致，实际上鞠躬会让客户觉得被尊重，所以销售员可以采取幅度较小的鞠躬方式，既能给客户正能量暗示，也不会让自己觉得很难堪。

(4)点头：点头示意的方式表示肯定，配上甜美的微笑，时不时给予客户回应，这也是沟通过程中最常见的方式。

(5)退步：退步是一种退让的心理暗示，例如客户跟你讲价，而你认为还有降价空间，可以采取退步的形式，暗示对方还可以再谈。

(6)侧步：侧步是一种表示拒绝的心理暗示，例如你认为这个价位已经没有下降的余地了，如果你用语言表达，直截了当地拒绝客户，那么对方很可能转身走人了，没机会继续商谈或是再介绍其他产品了，同时生硬的拒绝还会让客户气愤。侧步的方式，则说明了用意(不买走人)，同时也表明你希望继续商谈的诚意，给客户留了面子。

3. 头部语言

如果客户头部与眼神一直跟随你的讲解而变化，说明对方很感兴趣；如果客户只是眼神跟着你,而头颈部没有跟随,这说明他们兴趣一般,代表了怀疑、保留、抵触等心理,说明你的推销缺乏吸引力;而当客户讲话时,销售人员要头颈部与眼神一起跟着转动,这会让客户觉得很受重视。

4. 手部语言

在肢体语言中,手部动作使用频率最高,各种手势也代表了不同的含义。

(1)摸下巴:摸下巴,说明客户在思考。

(2)摸鼻子:摸鼻子,人们在说谎时,一种名为儿茶酚胺的化学物质被释放出来,引起鼻腔内部细胞肿胀,这样就会导致摸鼻子的行为。

(3)抓耳朵:用手抓耳朵,当客户拉耳垂、摩擦耳背时,说明他们已经产生了不耐烦情绪,销售员应该转换话题或结束谈话。有时,也代表了客户听腻了,想要从倾听转变为讲话的状态。

(4)双手交叉:双手交叉于胸前,代表了敌意与抵触。客户可以做,销售员绝不能做出这种动作,这等于再暗示客户赶紧走人。

权威暗示法则:客户喜欢跟着行家走

人们心里普遍存在一种倾向,愿意相信权威。一个有地位、有威望、受敬重的专业人士,更容易赢得人们的信任。以此为基础,销售人员可以利用权威暗示法则,实现销售。

关于权威暗示效应,北大管理课上曾介绍过美国社会心理学家斯坦利·米尔格兰姆的实验,证实了人们对于权威的服从性。

米尔格兰姆在实验之前便提出了一种假设:人类有一种服从权威命令的倾向性。

一位优秀的营销人员，一定是一位深谙人性的心理学专家，通过了解并掌控客户的内心真实想法，实现销售行为。以下是米尔格兰姆的经典服从实验。

米尔格兰姆设计了一个看起来非常吓人的电击装置，电压从30伏开始，每次以15伏为单位递增，一直增加到450伏。这是一个伪造的电击装置，看起来十分逼真，却不会给人们带来真正的痛苦。他想利用这个装置让权威人士命令不断地增加电压去电击他人。

该实验中的受试者都是通过报纸、广告等方式征集而来，为了找到更多的被试者，他给每位受试者4.5美元，并先期一次性付清报酬，从而消除受试者因为担心得不到报酬而在试验中表现得不自然。最后，这项研究共征集到40位受试者，全部是介于20～50岁的男士，包含各种教育背景，有小学文化的，也有博士。

除了被试之外还有两位关键人物，他们是研究者的助手，其中一位扮演“主试”，另一位扮演“被试”，当真正的被试到达实验室时，工作人员便安排他坐在这名“被试”旁边，由于不能向被试说明实验的真正目的，这位“被试”对真正地受试者解释说，这是一项关于“体罚对于学习行为的效用”的研究。

被试者通过抽签来决定谁当老师，谁当学生，但这个抽签只是形式，是研究者事先安排好的，因此真正的被试总是抽到“老师”，而假被试总是抽到“学生”。然后学生被带到隔壁的房间里，被试将看到工作人员将这些“学生”捆绑在椅子上，但他们的手能够得着标有A、B、C、D符号的按钮，并以此来回答隔壁房间里“老师”提出来的问题。

主试向老师和“学生”清楚地交代了学习任务，让学生对各种各样的单词配对进行联想记忆，单词表很长，老师把每对单词读给“学生”听，然后检查学生的记忆情况，要求被试在“学生”做出错误回答的时候给予电击惩罚，每增加一次错误回答，电压强度也会相应提高。

“学生”的反应是事先安排好的，正确和错误的反应顺序对被试来说完全一致，当电击总量随着错误的次数增长时，“学生”从隔壁房间发出痛苦的喊声。当电压达到300伏之后，“学生”变得沉默，老师们在主试的要求下用处理错误反应的方式来处理沉默的情况并继续应有的电击惩罚。大部分被试在电压达到某一点时会转向主试询问是否继续进行电击，主试也会命令其继续进行，且在这个过程中向被试发出的语气逐渐加重。

在电击装置上有30个开关，每位被试的得分在0～30分，通过记录下每位被试拒绝进行时的电击水平，就可以对服从行为进行测量，获得满分的被试被称之为“服从的被试”，而在较低点就中断的被试被称之为“对抗的被试”。

实验结果表明，在主试的命令下几乎所有的被试都将电压提升到了300伏水平，直到“学生”猛击墙壁，要求离开实验室并拒绝回答问题为止。令人惊讶的是使用全部30个电压水平并使电压达到最大值的被试数量中尽管有14名被试不服从命令，在达到最高电压之前中断了继续实验，但仍有26名被试按照主试的命令继续进行实验，占总人数的65%。被试也表现出了极大的心理压力和对受电击者的担忧，甚至是对主试产生了愤怒情绪，但是他们最终还是服从了命令。

之后，教授还介绍了一些类似的实验，美国一位心理学曾经在给某大学心理学系的学生们讲课时，向学生介绍一位从外校请来的德语教师，告诉学生们，这位德语教师是专门从德国请来的著名化学教授。试验中这位“化学家”拿出了一个装有蒸馏水的瓶子，告诉同学们这是一种新发现的化学物质，有一种独特的气味，请在座的学生闻到气味时就举手，结果多数学生都举起了手。原本无色无味的蒸馏水，在这位“权威专家”的语言暗示下，让多数学生信以为真。

通过上述案例，聪明的销售人员应该意识到了机会，既然人们存在相信权威的心理倾向，那就要想方设法先让自己成为权威，或者表现的像一个权威人士，之后通过心理暗示的方式，引导他们购买产品。

大部分客户在购买产品时，对所需产品要么一知半解，要么完全不懂，如果是行家，也不会跟你进行过多咨询。此时，客户需要销售人员进行讲解，为他们介绍产品，解答问题。这时候，销售人员就可以利用自己的专业知识以及心理暗示技巧，将客户引入成单的环境之中。

北大心理学堂:权威暗示技巧

1. 形象专业性

销售人员保持良好的个人形象是最基本的要求,会给客户一种权威的印象。最基本的搭配则是深色系制服,给客户一种严肃专业的感觉。此外,根据自己所在领域、产品,选择不同的服装搭配很重要。

2. 超强自信心

想要给客户塑造权威的形象,一定要表现出自信的状态。试想,客户认定你是专家,结果你自己对所讲内容都不自信,怎么能赢得信任?销售人员一定要认定自己所讲的内容是绝对正确的,即便有疑问也不能表现出来,而是私下询问、查找正确答案。如果真的是自己错了,主动向客户说明情况,远比含糊其辞、犹豫不决效果要好。

3. 遵循客户心理

摸清客户心理,按照他们的心理倾向引导与暗示。例如销售人员都会先询问客户的要求,引客户说话,这样能够把握客户的心理。客户需要安全感,而按照权威人士的话去做,显然更加保险。此外,人们普遍认为权威人物的要求与社会规范相一致,按他们的要求去做,就会获得各个方面的赞许与奖励。

4. 跨行业知识储备

销售人员不仅需要了解所售产品的信息,还要了解相关方面的知识。因为在介绍产品的过程中,经常会引出更多领域的问题,如果"一问三不知",势必会影响客户的购买欲望,转而投向其他销售员询问。

5. 传授知识

星巴克是销售咖啡的,但同时会教给员工和客户如何品鉴咖啡,为他们普及相关知识。一方面引起客户兴趣,另一方面也会给客户一种权威的心理暗示,“星巴克真专业,员工懂得真多”。

登门槛儿暗示法:逐步提出自己的要求

北大管理课上,提过一条心理学定律,叫做登门槛效应(Foot In The Door Effect),又称得寸进尺效应,是指人们一旦接受了他人某个微不足道的要求,为了避免认知上的不协调,或想给他人留下前后一致的印象,就有可能接受更大的要求,看起来就像登门槛,一级台阶一级台阶地通向高处。

这一心理定律后来被广泛运用在销售行业,销售员通过心理暗示,引导顾客一步步接受自己的要求,从而达到最终成单的目的。

还是先来了解美国心理社会学家弗里德曼和弗雷泽做的这个实验,有助于更好的理解。过程如下:弗里德曼和弗雷泽让他们的两位学生分别拜访美国郊区的一些家庭主妇,并将受访群体分为两类。

第一组受访情况如下:

学生甲请求家庭主妇们把一个小标签贴在窗户上,或者是在一个关于美化城市或安全驾驶的请愿书上签名。这是一个微不足道、利人利己的要求,很容易得到满足。学生乙同样访问该地区的家庭主妇,请求她们在今后的数周内,在自己的院子里面竖立一个呼吁安全驾驶的招牌。结果显示,同意了学生甲的请求的人中有55%接受了这项要求。

第二组受访情况如下:

两位学生之前都没有拜访,直接要求这些家庭主妇在庭院里竖立牌子,结果只有17%的人接受了要求。

根据这一实验，弗里德曼和弗雷泽分析认为，前一组的家庭主妇同意率之所以超过半数，是因为之前两位学生对她们提出了一个较小的要求，为了给人留下善始善终的印象，选择了继续竖立牌子；而后一组的家庭主妇同意率之所以只有17%，是因为之前没有过渡，直接提出了要求。就像登门槛一样，需要一级一级的登，这样才能达到高处。

将这一心理法则运用到销售过程中，作用十分明显。当你想方设法让客户成交时，不要着急，不妨一步步来，先让他们尝到甜头，同意细小的要求，之后再提出更大的要求，逐步递增，最终他们便无法拒绝。

销售人员最忌讳的就是缺少耐心，想要一口吃成胖子。如果你卖的不是iPhone手机，就别指望客户什么都不问直接掏钱。

我见过登门槛暗示法用的最好的推销员是一位理发师。众所周知，大一点的理发店都会对客户营销，想方设法让客户办卡，这也是行业潜规则。我问过很多理发店老板，剪发的利润是很有限的，靠的就是染发烫发等业务。为了留住客户，他们会推出各种理发卡，促销幅度很大，并让理发师大力推销，而理发师的薪水也与办卡挂钩。

卡我也办过，但只是理发，其他项目我也用不到。我媳妇就不一样了，当时她还是我女朋友，她要办卡我也没法拒绝。一次去某连锁理发店剪头发，两个人都剪，我理短点，她扫个边，剪剪流海。结果我的理发师推销了两句之后就专心理发了。我媳妇那个理发师却是一位营销高手，本来是来理发的，却变成了连剪带烫。我不好意思提醒她，索性就在一边观察，看看这个“销售员”有什么本事。

这个理发师能说会道，一直跟她聊天，我开始还以为是她长得漂亮，人家都爱多聊几句，后来才意识到，他的每句话都是在为之后的营销做铺垫。当时具体说了些什么记不清了，大意讲一下：

“姑娘，你头发真漂亮，长发很配你的瓜子脸，这次打算怎么剪？”

“扫扫边就行，流海剪一下。”

……

“我们这家店是新开业的,这几天一直在做活动,你来的真是时候,有折扣。”

(听到折扣这个词,很多女人都会心动,这就是理发师在运用暗示的方法吸引客户)

“哦,都有什么活动啊?”

“现在剪发是八五折,办卡的话更便宜。我们的理发师都是从知名工作室挖过来的,我之前在甜水园一家日本人开的理发店做,他们那边剪一次头发就要300元……”

(这里,理发师用到了权威性暗示。甜水园那家店我去过,确实很贵,如果选择日本理发师,办卡每次还要280元左右,理发师没有瞎说。)

我媳妇也知道那家店,所以更加感兴趣,理发师逐一向他介绍了其他理发师的资历,很多都是从大店跳过来的。

这位理发师很注意观察客户,他发现眼前这位客户兴致很高,所以故意放慢了剪发的速度,剪得很精细,符合很多女性享受尊贵服务的心理。其实,扫个边,剪个流海能用几分钟?就此,我问过理发师,他们说这完全取决于理发店的档次与你花了多少钱。例如我之前在那家日本理发师的店里剪头,恨不得一根一根给我剪;我在家门口理发,15分钟洗剪吹齐活。

一位理发师告诉我,“人家花一两百剪个头,10分钟就剪完了,肯定觉得是糊弄,下次就不来了,所以就得慢慢剪,让客人觉得物有所值”“实际上,10分钟剪出来的效果跟1小时剪出来的效果差不多,就是慢剪稍微精细一点。”

我媳妇越聊越有兴致,而且那个理发师的确很专业,讲的头头是道。

(反正我也听不懂里面的门道)

“哎,你说我这发质烫发怎么样啊?”我媳妇问。

(坏了,我心里一凉,这就上套了。)

人家没开始推销呢,她就迫不及待的问上了。理发师脸上露出了一丝得意的笑容,看来他很有经验,一切都按照设定好的情境进行着。

“你的发质挺好的，不干枯，一年烫两次没问题，但不建议经常烫发，要是烫发一定要选择进口药水，把损害程度降到最低……”

“你们家烫发怎么样啊，药水都有哪些？”

“我们店的药水分为好几档，上档次的都是从韩国进口的，烫发效果非常好……”

“哎，你说我也烫一个吧，你再等会我。”我媳妇跟我说。

（我早就料到了结果，继续在一旁静静地听着，看看这位理发师还有什么本事。）

理发师已经成功地让剪头变成了烫发，也成功地把几十块变为了上百元的消费项目。

理发师推荐了几款药水，算这家伙有良心，建议用中档的，388 元。我媳妇也不懂，说什么是什么。

烫发的过程中理发师又讲了很多关于头发的保养常识，让我也很长知识。终于完事了，我准备结账走人，这时理发师跟我媳妇提出了进一步的要求：“你对烫发效果满意吗？你的脸型属于瓜子脸，烫发之后更迷人了，感觉气质上了一个档次。”

（确实，烫发之后比之前更好看了。）

我媳妇对这次烫发效果非常满意，连连称赞。这时，理发师继续说：“我觉得你可以办张卡，你的头发需要经常保养，这样可以保持现在的效果。另外，我们店的其他护理项目也很专业，有机会可以试一试。”

我媳妇来之前根本没有办卡的想法，因为是新开的店，想来体验一下。结果，因为之前答应了理发师的烫发请求，也可以说是她主动提出的，现在面对办卡的请求，顺其自然就答应了。

办卡可不便宜，挑了一个中低档的，还花了我 2 888 元，不得不佩服这位理发师。

在这个案例中，理发师运用了登门槛暗示法，先对客户进行较小的暗示，当要求被满足之后，再提出更大的要求。而且在这个过程中，一直配合权威暗示的方法，让客户坚定购买意愿。

人们在接受了一个较小的要求之后，就容易接受更大的要求，这是人们的一种心理倾向。销售人员要抓住这一点，在销售过程中不要着急，一步步带客户进入情境，每答应一个较小的要求，都意味着你可以提出一个更大的要求，利用这种规律进行销售。

北大心理学堂：登门槛暗示技巧

TIPS 01：如何实现第一步？

对于销售人员来讲，最困难的部分往往是让客户答应第一个小要求，这也是实现登门槛暗示的基础。以服装销售为例，30 年前，想要试衣服需要求着服务员，这让很多没有强烈购买意愿的客户望而却步；如今，导购会追着客户推荐。当客人同意试衣服，这就算是答应了一个小要求，导购可以继续提出新的要求，从而实现最终的销售行为。

TIPS 02：一口吃不成胖子

俗话讲，一口吃不成胖子。登门槛暗示法需要的是耐心，越是急着让客户买单，效果越不好。你是做饮料的，推出了一款包装精美味道不错的柠檬水，售价不低，市场上已经有好几款柠檬水，客户为什么要放弃便宜的而买贵的？这就需要降价促销，先让更多的客户品尝这款饮料，才可能打开市场销路。

TIPS 03：赠品心理学

送赠品也是一种暗示技巧，人们都有贪便宜的心理，利用送赠品的形式，往往会引出进一步的销售行为。当客户接受了你的赠品，那么你就可以提出一个小要求。例如，向陌生人赠送小礼品，之后占有他一分钟的时间，做一份问卷调查，大部分人都会接受的。当人们接受了“免费”的礼品之后，销售人员就可以进一步推销产品了。

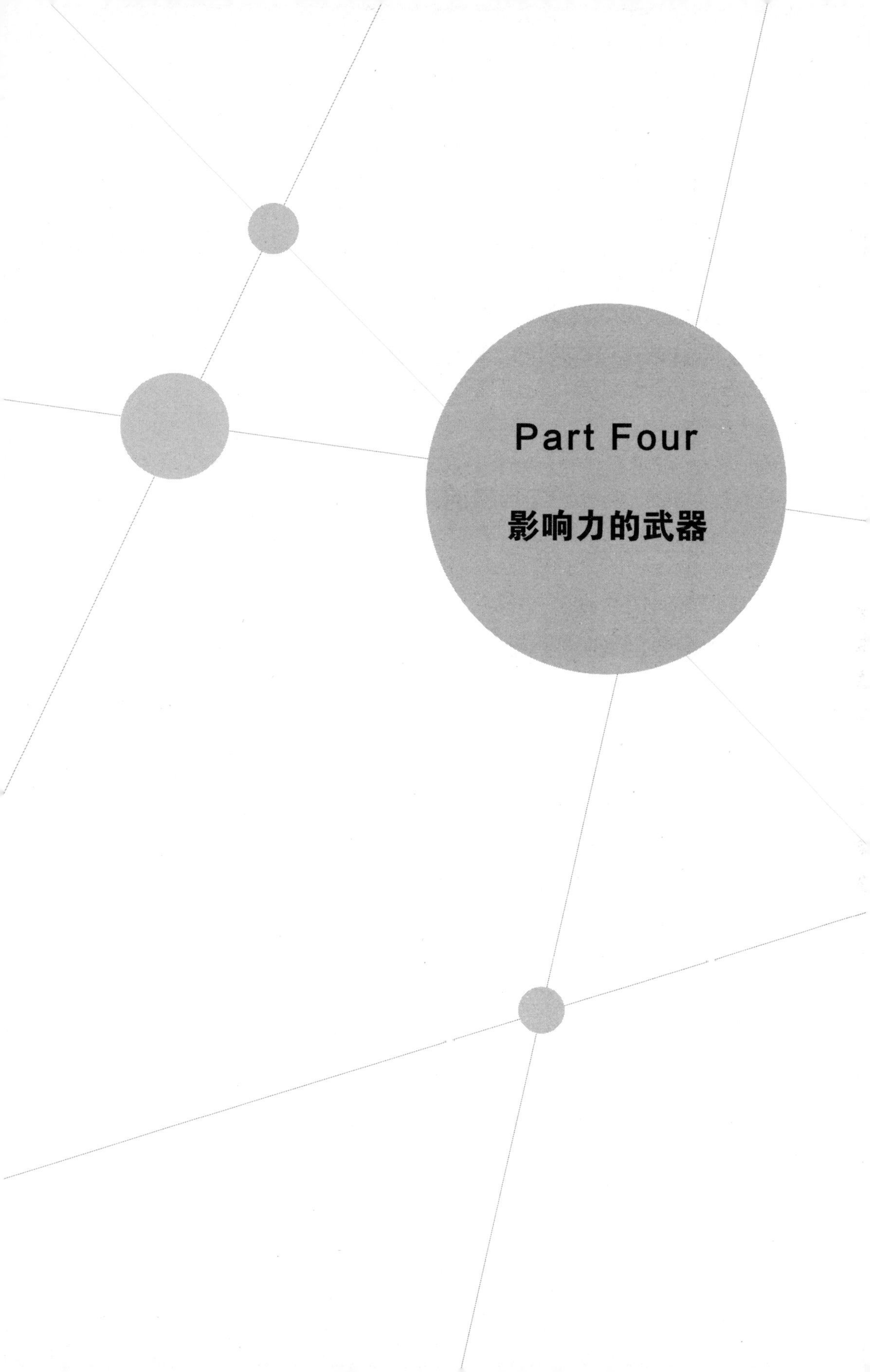

Part Four

影响力的武器

影响力，具有改变他人思想与行动的神奇能量，这是一种致胜武器，掌握了它，也就赢得了客户，你的业绩将会翻倍增长。

先看贵的再看便宜的

先看贵的再看便宜的，指的是销售人员给客户推销产品的时候，先带他们看价格贵的产品，转而再给他们看便宜的，这样成交的概率就会大幅提高。

这是为什么呢?

简单说，今晚你想自己做一顿海鲜大餐，去海鲜市场转了一圈，先买了上千块的大龙虾，既然这么贵的龙虾都买了，剩下的螃蟹、基围虾、蛤蜊、蛏子那都是小钱了，也不会太在意。商家正是抓住消费者的这种心理，先从价格贵的开始推销，之后便宜的商品就会顺理成章地卖出去。

北大教授告诉我们，这里面涉及到了心理学中的概念——对比原理。指的是当我们请他人帮忙时，如果能够讲出一个理由，说服率会高30%，即便这个理由根本没有说服力。该原理由心理学家艾伦·兰格提出，她认为人们就是喜欢为自己所做的事找一个理由。

为了验证自己的看法，兰格进行了实验，她对一位等候复印的女士说："对不起，能不能让我先复印，因为我有急事。"这一招屡试不爽，94%的人同意了她的请求。

如果事先不说明理由，效果就差多了。“对不起，我有 5 页纸要复印，能不能让我先复印?”当她这样说时，只有 60%的人答应了她的请求。

两种请求方式的区别看似就差在“因为我有急事”这句话。为此，兰格又试了第三种请求方式，“对不起，我有 5 页纸要复印，能不能先让我复印呢?因为我要复印几张纸。”

实际上，第三种请求方式看上去并没有说服力，仅仅使用了“因为”一词。它没有增加新的信息，只是重复一个明显的事实，但这种请求方式得到了 93%的人同意。可见，人们需要的只是一个理由。

将对比原理运用到商业行为之中，可以轻松赚到更多的钱。例如你去选衣服，导购成功说服你购买了一件 2 000 元的西服，之后又向你推荐 500 元的皮鞋，300 元的毛衣，100 元的领带。后续推荐的产品相比于西服来说，显然更便宜，而且都具有相关性，消费者一般都不会太在乎，顺手买了。

对比原理是每一位优秀销售员都应该掌握的，利用消费者的心理倾向，可以赚到更多的附加价值。

威廉姆斯·索诺玛公司(Williams—Sonoma)的例子就被教授当作管理案例，经常提及。这是一家总部位于美国旧金山的厨房用品公司，该公司就曾经使用对比原理，成功地将一款滞销品变为了畅销品。

索诺玛公司曾经推出了一款售价 279 美元的家用面包机，市场投放效果并不好，原因很可能是因为美国人习惯了从面包店购买新鲜的面包。

产品滞销，公司管理层很头痛。有人建议停产，这等于承认了亏损；有人建议继续销售，只不过需要动一些脑筋，换一种销售方式。

通过讨论，管理层采用对比原理，通过推出一款价格更高的面包机来带动这款滞销品。他们生产了一款容量更大,价格高达 429 美元的新产品。结果,新产品销售一般,但是 279 美元的面包机却在短时间内销量翻倍。

在此,神奇的对比原理起到了作用,消费者有了对比,显然 279 美元的面包机更实惠,所以销量立刻增长了,而那款 429 美元的产品,公司根本没有大力生产与推广,它的“使命”就是给消费者作为参照物。

不怕不识货,就怕货比货。消费者在对一款产品不确定的情况下,就会寻求比较,这时经济实惠、性价比高的产品就会取胜。

这就是对比原理的神奇之处,之所以用到“神奇”这个词,是因为该现象违背了传统的经济学原理。举例来说(这个例子也许并不恰当,只是为了表达清楚传统经济学原理):

iPhone 手机与小米手机都占据着一定的市场份额,更注重品质的消费者选择 iPhone,更关心性价比的消费者选择小米手机。这时,华为手机出现了,经济学原理认为 iPhone 跟小米的市场份额都会因为新的竞争对手的加入而下降。

但是对比原理却告诉我们,如果加入竞争的华为手机在各方面都不如小米手机(仅是假设),那么小米手机的市场份额不仅不会下降,相反还会因为和华为手机之间的对比而获得优势,导致其市场份额上升。

由此可见,消费者的选择并非像传统经济学原理所揭示的那样,客观地根据各个产品的价格和质量属性进行独立判断,而是经常受到决策情境的影响。“对比原理”就是决策受到情境影响的一种现象。

(再次重申,选择三个品牌的手机比较只是举例用,没有研究过各自的市场份额,如有不当之处,请谅解。)

销售人员要吃透对比原理,将其运用到实际工作之中,当你向客户推销产品时,不要按照传统经济学原理思考问题,而是考虑到客户会受到情境影响而做出相反的判断与购买行为，利用对比原理进行引导式销售，当客户犹豫不决时，你可以推荐一款价格更高的产品，这时客户有了比较，那么很可能转向之前那款价格便宜的产品。

北大心理学堂：利用对比原理完成销售

销售心理：客户总想买更多的东西

销售动机分析师 Whitney、Hubin、Murphy 说过："有趣的是，就算客户走进服装店的目的只是为了买一套西服，但他们在购买了西服之后购买配饰(而非之前)，那么客户在配饰方面花的钱总是更多。"

这一点需要销售人员注意，如果客户在购买意向商品之后又买了相关附加商品，那么很可能会花更多钱。例如客户买了一身连衣裙，之后又开始寻找各种搭配用的配饰，这时销售人员就要有所察觉，推荐一些饰品、皮鞋、围巾等附加商品，这样可以轻松赚到附加值。

销售技巧 1：推销顺序"先大后小"

所谓"先大后小"，就是指先带客户看价格贵的商品，即便他们不买也没关系，这是带他们推荐一款价格更低的商品，成交的概率就会大增；如果他们买了，这时就是赚取附加值的好机会，抓住机会推荐一些价值低的附属品，实现连带销售。

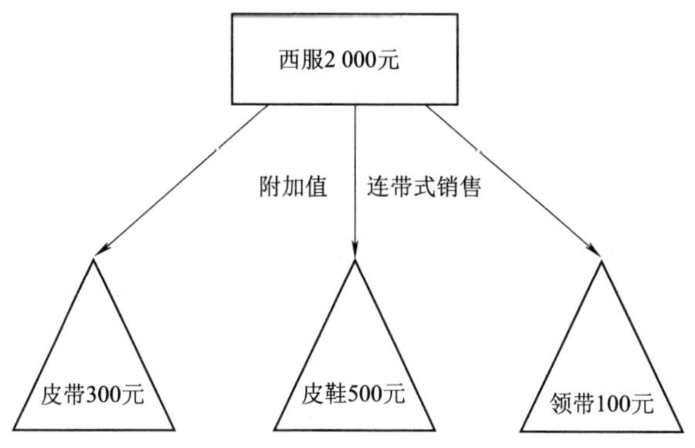

销售技巧 2:给破房子标高价

销售人员肯定希望卖出价格更高的产品,从而拿到更多奖金,这时就需要使用一定的技巧。“给破房子标高价”指的就是先带客户看一些性价比低的产品,也就是又贵又不好的产品,客户肯定不满意,转而推荐性价比高的产品,这时客户往往会“眼前一亮”,立刻成交。

以看房这件事来说,我对于房产中介利用对比原理成单的技巧就深有感触。当年,我在租房的过程中学到了很多销售技巧,其中有一位销售员使用了对比原理,而我当时并不知情。

我去链家找房子,中介小张在听过我的要求之后,筛选出两处房产。(实际上,他手里是否只有这两处不得而知,很可能是常用的销售策略,一好一坏,用来比较,这样有利于快速成单)

当时,我已经看过很多房子,有了一定了解,想要尽快定下来。小张先带我来到一间很破的房子,老楼,还是一层,没有阳光,屋里没装修,家具不全,交通不便,标价 3 000 元一个月。

我看了之后很失望。小张说:这边的价位都差不多,老楼的格局也差不多,那种交通方便、装修还可以的不好碰。我下午再联系一家客户你看看,这是符合你要求的最后一家了。(小张在这里用到了心理暗示技巧,提醒我“只剩一家”了。)

下午如约前往看房,一进小区我就发现环境还行,而且交通方便。进门之后更是眼前一亮,采光、装修都不错,家电齐全,而且月租金只要 2 800 元。我没犹豫,当即决定签约。

显然,第二家房子超过了我的预期,那是因为小张前期进行了心理暗示,同时用到了对比原理,在一处破房子之后,看到了一间“好房子”,所以客户通常都会顺利签约。

事后,我发现附近小区的房子都差不多,比我这间性价比更高的有很多,并没有像小张说的那么难找,我才意识到小张的高超营销技巧。

“将欲夺之，必固予之”——先给予再索取

“将欲歙之，必固张之”出自老子的《道德经》第三十六章，意思是想要夺取一些东西，就要先给予一些东西。

老子在这里讲的是事物的两重性和对立性，很多事情，有时反其道而行之才是高明的策略。在心理学范畴内，有一种理论称为“互惠原理”，指的是人们应该以相同的方式回报他人对我们所做的一切。

爱默生说过：“每一笔债都得还的干干净净，就好像上帝他老人家是债主。”有债必还，是人类历史中普遍认同的价值观（如今的“老赖”除外），人们接受恩惠，心理上会随之产生一种亏欠感，一定会在适当的时候予以回报，这就是互惠原理在起作用。

作为销售人员，一定要清楚这一点，充分利用互惠原理实现成交。销售员的日的是让客户掏钱，从而赚取佣金，然而聪明的销售员懂得先给予再索取的道理，他们善于利用互惠原理实现成交。

举例来说，很多缺乏远见的销售员，只看重眼前利益，并不在意与客户建立长久的关系，他们不愿付出，只希望快速成单，结果往往是只拿到了眼前的小利，而失去了获得未来更大利益的可能。

小张之前在我爱我家做中介，因为年轻没有经验，更不懂互惠原理这一说。我问他为什么选择这行，他回答很干脆“赚钱呗！”

的确，对于一个只有初中学历的人来说，想在北京找到好工作很困难，而当时的房地产市场很火，稍微努力一点的销售员都能月薪过万，这比很多白领的薪水还要多。

小张就是看中了这一点，他也很努力，每天东跑西颠到处找客户。一次，他遇见了一位想要在三元桥附近租房的客户，于是带着客户到处看房。细节我忘了，大意是双方磨合了一两个星期，客户也对小张产生了信任感，也已经找到了心仪的房子准备签约。客户突然遇到一点急事，对于小张来说只是举手之劳，顺道就能办了，小张却表现十分冷漠。

显然，这件事让客户很不高兴，虽然房子的合约顺利签了，但是客户再也没有联系过小张。一年之后，那个客户要在三元桥买房，还是找的小张所在的门店，只是进门之后礼貌的点了一下头，径直走向其他工作人员。

看着同事签了大单，小张心里很纳闷，本来是自己的客户，为什么突然不搭理自己了？

很显然，在这个案例中，小张因为不懂互惠原理，失去了一笔大单。他只看到了眼前利益，想要拿下这笔租房的单子，却没有想到应与客户建立长久的联系。

我见过很多目光短浅的销售员，他们看不到更远更大的利益，不愿意付出，更愿意信奉对等原则，付出多少就拿到多少，结果他们的处境说明了一切，直到想明白之前，可能做着微不足道的工作，拿着可怜的薪水。

如今竞争这么激烈，能找到客户就不容易，给客户一些甜头，先给予再索取，大多数人都是懂得知恩图报。而且在互惠原理的作用下，你付出的越多，客户对你的回报就会越大。

对于互惠原理，曾有教授做过小实验，他随机寄给一些陌生人圣诞卡，其中绝大部分人都给他回寄了贺卡。关于此类实验，我们也可以试一试，例如微信的漂流瓶，随机扔出一个祝福的瓶子，很有可能会收到回应，至少在微信刚出来不久的时候有作用，因为我曾这样试过几次。

北大管理课程中，讲到了安利公司的案例，可谓将互惠原理运用到了极致。美国安利公司是全球知名的直销公司，采用的是免费试用的策略。安利公司跟很多创业公司一样，最早成立于地下室，之后迅速发展为每年15亿美元的销售额，得益于一种名叫BUG的免费试用手段。

安利公司将旗下产品免费提供给消费者，在公司的《操作手册》中，明确告诉业务员，“一天，两天，甚至三天，不收取任何费用，也不需要消费者负担任何义务。只要告诉客户，让他们试试这些产品，没人会拒绝这种请求。”

短短几天的试用期结束之后，业务员会返回取走产品。我们知道，安利产品以浓缩型为主，消费者在几天的试用期内根本用不了多少，业务员会接着给下一家推荐。同时，大多数业务员都会顺利拿到试用过该产品客户的订单。

安利产品真的有那么好使吗？暂且不去管产品质量问题，而要看到这其中的互惠原理，消费者试用并消耗了产品，就会在心里觉得有义务购买，只要产品质量尚可，一般人都会购买，即便没有需要，也会象征性地购买一些。数据显示，当业务员上门回收产品时，消费者都会购买其试用产品总量的一半。

不可否认，BUG免费试用的策略，绝对可以算是安利公司的一项伟大发明，让当时的销售界刮目相看。

由此，聪明的销售员都会明白，想要拿到更多单子，一定要先学会给予，你提供给客户的越多，将来拿到的就越多。

记住互惠原理，记住老子几千年的名言吧：将欲夺之，必固予之。

北大心理学堂：如何利用互惠原理成单

1. 激发客户亏欠感

利用互惠原理，总的原则就是要想方设法激发客户的亏欠感。销售员在这时不能怕付出，想着万一没有回报怎么办？要把你的付出看作是一次投资，在力所能及的情况下，尽可能为客户提供帮助。这种帮助不限于工作方面，也可以是生活中。总之，只要能让客户产生亏欠感的方法，都值得一试。

2. 以小搏大

以小恩小惠换取更大利益。事实证明，只要环境、时机合适，这是完全有可能发生的。

一次，我跟朋友一起骑车旅行，途中，朋友的车胎坏了，我们俩都不会修。这时一群骑行的驴友路过，其中一人主动下车帮忙修理，因为修车需要时间，边修边聊，得知他也在北京工作，而且离着不远。车修好之后，我们非常感谢他，毕竟在这前不着村后不着店的地方，真不知道该怎么处理。相互留下联系方式之后，朋友告诉他，"回去常联系，有时需要帮忙的说话。"

回了北京之后，我们又聚过两次。半年之后，他请我的朋友帮忙给女儿找工作，朋友觉得亏欠他，于是便答应了，而且还利用自己的人缘联系到一家外企，实习期的薪水就到了 6 000 元。

这是一个以小搏大的案例，因为亏欠感，朋友还了一份大礼。

3. 赠送礼品

赠品是一种很常见的促销手段，很多商家都在应用。在超市，你会看到促销员拿着各种食品提供免费试吃活动。对于销售人员来说，这也是一种值得借鉴的方法，给客户赠送一些小礼品，能够激发对方的亏欠感。需要注意的是，这不是购物之后附赠的礼品，那是针对爱占小便宜的客户。这里说的是购物之前赠送的礼品，为的就是激发客户的亏欠感。

4. 热情与耐心

积极热情是一位销售员应有的素质，这里讲的不是那种主动推销，类似一些服装品牌的营销模式，只要顾客进门，销售员就会紧紧跟随，推荐这推荐那。如今，这样的销售模式已经过时了，很可能招来年轻客户的反感。这里说的热情，是要随时保持热情洋溢的态度，当客户有需要时给予热情回应，其他时候则要保持安静。耐心指的是对于客户的问询不急不躁，当一个客户看了几栋房子或者问了一大堆问题之后，他们自然会形成亏欠感，从而增加成交概率。

5. 互惠式让步

在销售过程中，当销售员一方主动让步，那么客户一方很可能也会做出相应让步。某年的情人节，一个花童手捧玫瑰上前说道：“先生，请买一捧玫瑰花送给女朋友吧。”好大一把玫瑰花啊，我也不是土豪，所以就拒绝了。花童随即说道：“要不您买一朵吧，只要 10 元钱，代表一心一意。”我没有再拒绝，愉快地付了钱。事后我注意，小花童都是以这种方式销售的，很少有人直接买一大把玫瑰，但是却不会拒绝买 1 支玫瑰。

想办法让消费者做出承诺

为什么要让消费者做出承诺？这里面涉及到人们希望自己言行一致的心理倾向。在心理学领域，这种现象被称为承诺与一致原理，即一旦当人们做出承诺，就会不自觉地按照自己当初说的去做，期望达到言行一致的目的。

关于这一点不难理解，回忆一下曾经发生在自己身上的行为就会明白。当你答应了别人某个要求之后，一定会想办法去完成，否则心里就会有一种愧疚感。北大管理课上，提到过一个由郭冬临表演的小品。

1995 年春晚，《有事您说话》这部小品火了，由郭冬临等人主演，其中郭冬临扮演的角色就备受“承诺与一致”原理的摧残，他总是答应人们的要求，甚至有些要求完全超出能力范围之内，但是既然做出了承诺就要去兑现，于是“打肿脸充胖子”，到头来自己遭罪。

关于这一点很早就引起了心理学家的注意，包括 Leon Festinger、Theodore Newcomb 等人，他们都认为言行一致的欲望是一种重要的驱动力，驱使人们去兑现承诺。

同时也有相关人员做过实验，西奥迪尼在《影响力》一书中就写过这样一个实验。

研究人员在沙滩上随机选择一位受试者，在他身边躺下休息，并打开随身携带的收音机欣赏音乐。一会儿研究人员去散步了，另一位研究人员装作小偷过来拿走了收音机。正常情况下，人们为了避免不必要的伤害，都会选择沉默。实验也证明了这一点，20 次“偷窃”行为，只有 4 次有人站出来阻止。然而，研究者在向被试者提出要求，请他们帮忙照看一下收音机之后，情况发生了彻底改观，所有应试者都答应了，而且 20 次“偷窃”行为中的 19 次都被拦下了。

这就是承诺和一致原理在起作用，人们一旦做出承诺，就会尽力兑现。而作为销售人员，一定要善于利用这一点成单，要想方设法让客户率先做出承诺，这样他们大多会完成销售行为。

西奥迪尼在《影响力》一书中写过一个百科全书的例子，《大英百科全书》采用直销的形式，消费者购买之后如果不满意，15 天之内是可以申请退款。95％的销售人员在这个客户的冷静期内其退货率高达 70％。然而有一些销售人员的退款率仅仅为 25％。

少数营销人员正是利用了承诺与一致原理，在客户购买之前，他们会提出几个问题，目的是为了让客户做出承诺。一般来说，图书销售员会详细介绍产品的信息，在成单之前，他们会再次跟客户进行确认，例如“通过刚才的介绍，您真的认为这套《大英百科全书》对您孩子的教育有帮助吗?”

由于刚才客户已经表示认同，一般都会说，“是的，非常有用。”

（这里是第一次要求客户做出承诺）

为了巩固效果，还可以继续提问，“买书之后，你会坚持让孩子阅读吗?”“你会为孩子进行讲解吗?”……

通过这样的方式，在 15 天冷静期之后，退货比率保持在 25％以下。

这个案例中的营销人员十分聪明，他们很了解承诺与一致原理，也清楚

15 天冷静期之内，很多客户会选择退款。为了防止此类事情发生，他们会在销售过程中尽可能详细介绍，并提出诱导性问题，意在让客户做出承诺。

一旦客户承诺购买，那么在 15 天之内退货的可能性就会大大降低。

根据消费者心理，销售人员要尽可能让客户在购买之前做出承诺，这样会增大成单的概率。例如你是一位电话营销人员，这是一项很困难的工作，每天要打无数个电话，不仅成单率很低甚至还要面临客户的羞辱。不过，我也见过几位比较厉害的电话销售员，其中我就接到过一个。

那是推销某款理财产品的，年利率很诱人。我当时正在寻找一些 P2P 理财产品，来替代越来越低的银行理财。正巧接到这样一个推销电话，于是便聊了起来。要是平时接到此类电话，一般不会跟对方纠缠 3 秒，就会委婉地拒绝。

电话那头是一位小伙子，反应很快，业务也熟练，我把关心的问题都问了一遍，他用三言两语就给我说明白了，专业性很强。在对话过程中，他用到了承诺与一致原理，而我比较急切地想了解理财方面的相关知识，并没有意识到他在给我“下套”。

小伙子一步步将我引入特定语境，当我提出一个问题之后，他也会提一个相应的问题，而我除了“yes”之外，似乎没有其他答案。

我记不住当时具体对话了，几个关键问题：

“您期望的收益率是多少呢？”

“6%～7%”。

“我们公司应该可以达到您的要求，不过需要您先来公司做一个风险测评，毕竟这不是保本理财产品。您也可以顺道看看公司的规模，这样心里有底，您最近有时间过来吗？”

“恩，我周末的时候应该有空。”

“好的，那我帮您预约在周六上午 10 点可以吧？”

“嗯，行，10 点可以。”

“好的，到时会有翟经理接待您，为您做进一步详细的解答，那么我们说好了，周六 10 点，不见不散。”

“好的，到时见。”

实际上，我并没有想好是否要去他们公司，我只是想了解一下具体情况，但是在这位精明销售员的引导下，我一步步进入了他设置的特定语境，甚至没给我提出质疑的机会。

周六，我如约前往，虽然最终没有购买该公司的理财产品，但是我想那个电话销售已经拿到了提成，因为他把客人成功约过来了。如果我是老板，一定会给他奖励，他的工作完成的很出色。

人们一旦做出承诺之后，都会尽可能去兑现，这是一种心理倾向。销售员一定要抓住这个点，在销售之前、销售之中甚至销售之后(确保客户不会退款)进行引导式提问，让客户给出承诺，这样会大大提高成交的概率。

北大心理学堂：承诺和一致原理的有效使用

1. 公开承诺

公开进行承诺的方式要比私下承诺更为有效，人们为了保持良好的形象，不愿意轻易反悔。而如果只是一对一的承诺，那么考虑到反悔带来的后果并不严重，所以对他们的威慑力不够。

技巧：在旁观者多的时候，引导客户做出购买承诺。听到的人越多，对客户的心理约束力越大。

2. 形成责任感

要让客户形成责任感，也就是让他们觉得有义务购买产品。以之前销售百科全书的案例来说，百科全书是买来给孩子看的，销售员抓住了这一点提问，“买书之后，你会坚持让孩子阅读吗？”“你会为孩子进行讲解吗？”……教育孩子是一种责任，销售员这样提问，就会让父母形成一种责任感，从而兑现承诺，实现成单。

技巧:抓住客户需求,这一点需要通过交谈获悉,例如客户是给孩子买东西,那么很容易找到突破口,提到孩子,势必会形成强烈的责任感。

3. 自愿承诺

客户承诺必须是出于自愿,销售员可以引导,但不能威逼。如果你通过步步紧逼的方式,让客户做出了承诺,但是违背了客户的意愿,最终成单的概率也是非常小的,很多时候会遭到客户的毁约。

技巧:销售员只负责铺垫与引导,不去“威逼胁迫”客户,你把情境设定好,把客户带进来,工作基本完成了80%,如果客户最终不愿做出承诺,可能他们真的不感兴趣。

4. 互惠原理

利用互惠原理让客户做出是很有效的方式,例如在购买之前给客户一些赠品,之后提出的小要求往往会被满足。前些年流行的信用卡营销就是这种方式,前两天我老婆还自言自语道,“怎么办了那么多信用卡?哎,当时都是为了那些赠品”。当年,只要办信用卡,不用开通就有礼品相送,很多人为了拿礼品,所以同意办卡,这就是互惠原理:我给你礼品,你给我办卡,双方受益,至于最后是否开通,那就是银行的问题了。

技巧:根据客户需求提供礼品或帮助。记住:你满足客户需求,他们就会满足你的需求。

利用从众心理达成订单

下面要说的是日本索尼公司利用人们的从众心理,推销其产品的一个经典案例。

当年，索尼公司研发出随身听之后，为了打通销路，公司高层决定采取一种全新的营销方式。当时，日本的校园内掀起了一股学英语的热潮，学校要求每位学生都必须有一台录放机。索尼公司得知这一消息后，立即派出十名年轻的员工，携带随身听在学校的大门口走来走去，并故意放大音量，故作陶醉状。

不出所料，学生们看到之后便纷纷过来打听从哪里购买。没过多久，索尼的随身听就顺利打开了销路，遍及日本的各大、中、小学校。

在这个案例中，索尼公司利用的就是人们的从众心理，尤其是学生，因其社会经验不足，更容易跟随大众的选择。当少数人关注到随身听之后，越来越多的人聚集过来，从而引发购买热潮。

人人都会有从众心理，尽管心理学家的观点不尽相同，但大家都认可的一点是，从众是一种在压力之下发生行为改变的倾向。

当你走在大街上，突然所有人都望向楼顶，你也会不假思索地向上望去；当你看到一群人围成了一圈，你也会不自觉地走过去想要看个究竟；当人们开始鼓掌时，你也会跟着鼓掌……这都是从众心理的作用。

当人们看到别人做什么，自己也会跟着做，因为他们会认为，大家都在做的事肯定没错。

北大管理课上，提到过所罗门·阿希的线段实验，受试者只有一个被蒙在鼓里，其他群体成员都是串通好了的。实验时，那些串通好了的成员故意做出错误判断。结果即使面对非常明显的答案，那一位真正的被试者也会遵从团体的不正确答案。

试验人员将不同长度的线条拿给受试者看，要他说出线条比参照线条是更长、一样长还是更短。当他一个人做出判断时，都能给出正确答案，因为问题实在太简单了。然而，当 7 个演员走进房间之后，他们故意说出一个错误答案，结果 30% 的受试者会说出与他们一样的错误答案。这就是在从众心理的作用下，受到团体压力导致的结果。

作为销售人员，要懂得利用这一点，通过巧妙施压让消费者产生从众心理，继而实现销售行为。

想要消费者产生从众行为，继而实现销售，就要先了解“社会认同原理”。该原理指出，在判断何为正确时，人们会采纳他人的意见。“大家都在干的事准没错”，只要抓住消费者这一点，就能带来连锁销售行为。

在街头很常见，只要有三两个人扎堆，很快会围拢过去更多人，有些商贩正是利用这一点，故意找“托儿”购买，造成热销的假象，随即大家都会开始购买。这一招在各个领域都适用，每个行业都有一两家巨无霸级别的公司，分享95%的市场份额，剩下95%的公司则争夺5%的份额，这就是因为大家都认可行业领头羊的产品，形成跟风购买，结果形成垄断地位。

人们对于社会认同的反应方式完全是无意识的、条件反射式的，精明的营销人员会利用这一点进行引导式销售，成单的概率则会大大提高。

淘宝“刷钻”现象就是一个典型案例，你可以用手机搜一下淘宝或者天猫，看看那些热销产品，无论信誉等级还是评论数都是非常高的，只有信誉高的商家才能卖出货。身边有很多朋友尝试做淘宝，一个哥们卖的是体育用品，都是阿迪达斯、耐克正品，售价很低，可就是卖不出去。因为没信誉人家不敢买，想做起来就必须刷信誉，一旦信誉度有了，产品也不错，那么销量就做起来了，大家一搜都会跟风购买，省去了挑来挑去的麻烦。

一个很有趣的现象，如果你去搜最低价，会发现同款产品售价悬殊，而便宜的反而卖不动，人们更愿意购买销量大的商家。这就是社会认同原理在起作用，商家没必要费尽精力去说我的产品到底有多好，只要告诉消费者，我们的产品“销量最高”“信誉最好”就够了，因为其他人也会跟着这么想，从而跟风购买。

社会上很多公司拼命做大就是这个道理，在有起色之前，一切都显得那么艰难，做大之后，一切反而变得简单了。

销售人员要学会制造社会认同品牌,就像很多商家一样。例如在影视剧里,国外夜店总是排着长龙,一幅火爆景象。有点常识的人都清楚,如今竞争这么激烈,不可能每家夜店都这么火,很多都是老板雇人排队制造出的假象。因此,销售人员在推销产品时,要多提产品的受欢迎程度、有多少人购买了此款产品,引发消费者的从众心理。

北大心理学堂:如何利用社会认同原理促成销售

1. 强调产品畅销程度

销售人员在推荐产品时,一定要反复强调有多少人都购买过,好评率是多少。目的是为了让消费者产生从众心理,继而形成销售行为。

沟通用语:“大家都在买,绝对值得信赖”“我们家的产品质量好,都是回头客”“我们产品的好评率是同行业前三。”

2. 口碑营销

自夸自卖的方式不如他人推荐。毕竟,销售员都会强调自己家的产品好,消费者对此已经有了免疫力。如果通过第三方推荐,那么可信度就会大增。当所有人都说你家产品好,就会形成口碑营销,产品也就不愁卖了。

沟通用语:“您可以问问用过的朋友,就知道我们的产品质量有多好了”“您可以去其他家咨询,就知道我们产品的性价比有多高了。”

技巧:消费者并不一定真的会询问,销售员这样说是为了让对方安心,同时要表现得很自信。

3. 推荐具有说服力的老客户

选择有说服力的老客户推荐,会有效激发客户的从众心理,等于是在利用之前客户的品牌效应去谈新客户。客户听说那些知名公司都在这里进货,一定会认为产品质量有保障,也就放心了。

沟通用语:“很多行业知名公司都是从我们这里进的货,一些耳熟能详的大公司也是我们的固定客户”。

4. 认同客户的观点

在销售沟通过程中，当客户表达自己的观点时，如果对于销售有利，那么可以选择附和对方，但不要简单地回答“是，您说得对”“我也这样认为”……类似的回答没有实质性帮助，销售员需要根据客户的观点进行延伸。

沟通用语：客户说，“这款笔记本速度还不错”，销售员可以回答“是的，您也发现了吧，很多顾客初次使用都这样认为，这款产品采用的是目前最快的 i7 处理器……”

5. 制造紧迫感

人在压力之下，最容易导致从众行为，销售员可以通过人为施压的方式，让客户感到紧迫，从而帮助他们下定决心购买。

沟通用语：“最近北京雾霾严重，很多人都来买空气净化器，我们这款产品一直销售火爆。”

6. 围绕客户身边的人“下手”

假设 S 是你的目标客户，但是并没有表现出强烈的成交欲望。这时你可以从他身边的人入手，当他的同事、家人、朋友都开始使用并推荐你的产品，那么你就有很大可能性拿下大客户 S。

沟通用语：“您的朋友都买了，您也试试吧。”

成为客户喜欢的销售员

喜好原理是心理学中的一个概念，指的是人们更容易答应自己认识和喜欢的人所提出的要求。而且研究表明，消费者在决定是否购买产品时，喜好原理的影响要比消费者对产品本身的好恶强2倍。因此,销售员想要成交,首先要让客户喜欢你。

对此,我深有感触,由于网络的便捷性以及工作的关系,并不需要每次都与客户当面交流,很多合作事宜都可以通过网络、电话沟通敲定。不过,很快我就发现一点,那些见过面并彼此有好感的合作伙伴,成交的概率要远远高于未曾谋面的。

上家如此,下家也一样,有些培训师希望通过我们出书、讲课,很多人的交往只是限于网络,有些水平不算很高的老师,属于签不签都行那种,有时候对方不够积极主动,也就没有下文了;而有些见过面的老师,只要我对他们有些好感,那么水平差一点也会给机会。对此,我也问过那些在北大上课的同学,大都表达了相同的观点。

实际上,我去北大参加此类培训班也是为了利用喜好原理多成单,这么多同学都是各行各业的精英、老总,其中一定有比较聊得来的,如果彼此欣赏,很可能成为合作伙伴甚至是朋友。针对目标客户,我会有意靠近并展示出积极主动的一面,如果对方不讨厌我,我会进一步沟通,随着聊天的深入,我会去挖掘这些人的喜好并投其所好,当他们逐渐对我产生好感,我就会逐渐往合作事宜方面转移。

由于我的亲和力还不错,加上喜好原理的运用,确实帮我拿下了很多单子,现在一些同学依然是我的客户。

乔·吉拉德的故事我们已经耳熟能详,他就是成功利用喜好原理成为了全世界最厉害的销售员。他在接受采访时曾经说过,"找个客户喜欢的推销员,再加上优惠的价格,生意就成了。"

北大心理学教授曾经指出,让别人喜欢你,你的买卖就成了一半。他非常强调个人魅力这一点,并且用案例加以说明。

针对1974年加拿大联邦选举的研究表明,相貌出众的候选人平均得票数是相貌平平者2.5倍。

这是人们受到外表影响的典型案例,然而大部分人都不这样认为。在接受调查的选民中，有73%的人都予以否认，认为不会受到候选人外表的影响，只有14%的人承认也许会存在这种可能性。

还有一个案例，说那些英俊潇洒的男性被告，所受到的刑罚要轻得多，与那些长相平平的被告相比，前者入狱的概率只为后者的一半。在这个案例中，男女陪审员都会出现外貌偏袒的情况。

那么，对于销售员来说，一定要学会充分利用个人魅力的影响力，这样才能更好地成单。

的确，有时候成交就是这样简单。我不是一个以貌取人的家伙，但是我买东西会选择自己喜欢的销售员，不仅是外表，还有谈吐、性格、兴趣等。如果我要买一台计算机，我会先在各大卖场与各品牌之间的销售员咨询一番，一般问一圈之后，同价位的计算机品牌差别是很小的，也就是说买哪个都行，这时我就会去找那个比较喜欢的销售员成交。

如今，广告商将喜好原理运用到了极致，消费者喜欢谁，他们就找谁拍广告，不惜花费天价代言费。因为他们很清楚，这点钱不算什么，最终还是由消费者来买单。

以汽车为例，跑车与美女，速度与激情，这是刺激消费者肾上腺素的几大因素。一部名为《速度与激情》的好莱坞系列大片，每一部的票房都能刷出新高，足以看出人们对汽车与美女结合的疯狂热衷。

一项调查研究表明，同一款汽车打广告，前者用了性感的女模特，后者没用。男性消费者普遍觉得前一种广告里的车更好，包括速度更快、更高贵、设计更精致等。事后，男人们却不愿承认性感模特影响了他们的判断力。

这就是喜好原理的强大威力，这也是为什么如今的车展都会花重金请车模的原因，在吸引眼球的同时，也通过喜好原理影响着潜在买家。

再来看看如今很流行的微商现象，朋友圈的广告确实让人厌烦；但是不可否认，朋友们推荐的产品，要远远比电视上的广告可信，也更受欢迎。这也是喜好原理的作用，因为你喜欢某人，也会关注她在朋友圈推荐的商品，当你有需要的时候,就愿意购买,即便你很清楚,朋友卖的产品价格一点都不便宜。

无论是做人还是工作,努力让别人喜欢自己是一种能力,对于个人能力的提高具有重要作用。所以,如果你能够将喜好原理运用自如,相信你一定可以成为人生赢家。

北大心理学堂:喜好原理的相关因素及运用

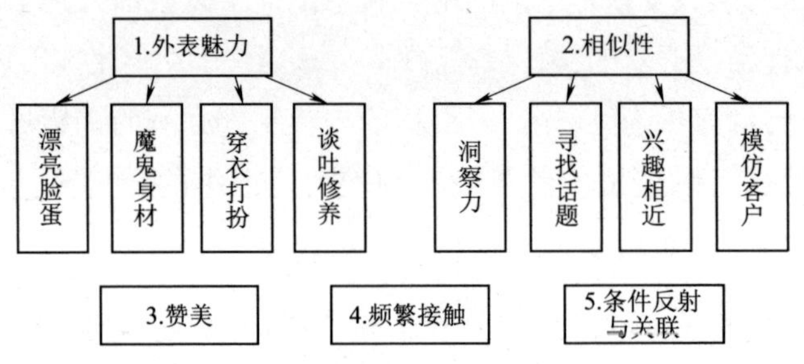

1. 外表魅力

外表是最容易迷惑人的,一个人长得漂亮,似乎她的一切都与美好相关,人们会下意识屏蔽她的缺点,只看到美好的一面。实验证明,长相俊美的人更容易得到帮助,也更具有说服力。有一次坐公交车,上来一个又高又帅的小伙子,没有公交卡,兜里拿出来的都是一百元的整钱,显然平时很少坐公交车。那是电车不找零,他请求乘客帮他破零钱,这时一位靠近的女士站了起来,直接帮他刷了卡。

素不相识,却出手相助。如果上来一位脏兮兮的乞丐,我想结果肯定会不一样。这就是外表的魅力,如果你恰好是有一张漂亮脸蛋儿,千万不要辜负了它,一定要学会好好利用。

(1)漂亮脸蛋儿:不管你承认与否,一张漂亮的脸蛋儿足以让你的人生交上好运,尤其是做销售这行,整天都需要与人打交道,如果你看上去令人“赏心悦目”,你的订单绝不会少。

(2)魔鬼身材:不要忽视好身材的重要性,如果你没有沉鱼落雁之容,却有令人垂涎的魔鬼身材,同样能够为你加分。

(3)穿衣打扮:人靠衣装马靠鞍,行头对于销售人员来说也非常重要。有人说标准的职业装很难穿出花样,这就错了,同样是衣服,几万元的与几十元的效果就是不一样,这完全取决于你是什么级别的销售人员。我见过很多在外面跑业务的销售员,不重视这一点,穿着公司的工服,一看就是几十块的廉价货,这会在很大程度上拉低自己的身价。如果你是一位有追求的销售员,不要在乎买衣服的那点小钱,你会因为整洁的穿戴赢得客户欣赏,从而达成订单。

(4)谈吐修养:在与高水平客户接触的过程中,谈吐修养就起到了很重要的作用。毕竟客户层次不同,没有一点"墨水"的销售员,很可能都不知道聊些什么,甚至一举一动都会招致客户的厌恶。提高修养也许达不到迅速成交的目的,但对于未来的职业生涯非常有用。

2. 相似性

人们总是喜欢那些与自己相似的人,无论是性格、长相、学识、背景等,这实际上反映出人们的一种自恋心理。夫妻相就是很有趣的一点,常听人说两个人结婚之后越长越像,实际上是因为在选择彼此的时候,因为长相接近所以互生好感;圈子也是这样形成的,一群彼此欣赏、喜欢的人会不自觉地形成圈子,都是因为相似性的缘故。

那么,销售人员完全可以通过相似性接近客户,并顺利成交。20 世纪 70 年代的美国,曾有人做过实验,当时的年轻人有些喜欢"嬉皮士"打扮,有些人则比较传统。实验人员分别穿成以上两种样子,在校园里借钱打电话,当被试者遇到与自己穿着一样的人时,借钱的占 2/3;反之,借钱的不到 1/2。另外一项实验则表明,人们会下意识地跟自己相似的人进行正面回应。

作为销售人员,要善于利用相似性进行成交,可以从以下几个方面练习。

(1)洞察力:销售员要善于观察客户的蛛丝马迹。例如乔·吉拉德在销售汽车时，会首先观察客户的旧车，查看车上配置，如有野营器材，说明客户经常外出，那么就会说自己也喜欢野营，之后引起共同兴趣；如果车里有钓鱼竿，则说自己也喜欢垂钓，进而更深入聊天。

(2)寻找话题：销售人员要善于寻找话题，这就要求具备一定的知识储备，方方面面都知道一些。接待客户的时候，不要急着直奔主题(除非客户上来就要买)，而是通过三言两语找到共同话题，以及兴趣点。

(3)兴趣相近：通过观察、交流发现兴趣点之后，接下来就是展开话题，客户聊得越多，你获得的信息量越大。你不一定真的感兴趣，但是一定要让客户以为你感兴趣，这就需要具备相关知识以及耐心。

(4)模仿客户：模仿客户的语气、穿着、姿态、表达风格等，当你表现得与客户很像的时候，就会赢得他们的好感。

3. 赞美

这是大多数销售员都掌握的技巧，通过赞美获得客户好感。乔·吉拉德会在每个节日为所有客户送去贺卡，印在封面上的信息只有 4 个字“我喜欢你”。他说：“贺卡上什么也没有，除了我的名字，我只不过是告诉他们，我喜欢他们。”

考虑到美国人的表达方式比较直接，而国人比较含蓄，建议销售人员通过微信的方式送去一些祝福，切记不要发那些复制粘贴的套话，这样的祝福跟垃圾短信没有区别。我就经常收到一些房屋中介的类似祝福，以及过年的时候，同样的祝福信息被无数次转发，除了烦躁没有其他感觉。

恭维要说到点上，这绝对是一门艺术。火候拿捏不好，就会起到反作用。要么太假，要么索然无味。总之，不入心的赞美都不会起作用。

4. 频繁接触

频繁接触会增加对一个人的喜爱程度，就如同心理学中的曝光效应，露脸的机会越多，越容易赢得好感。销售人员要尽可能多接触客户，没有机会就要制造机会，例如一起吃饭，一起踢球，或者平时给客户帮忙。

5. 条件反射与关联

人在潜意识中会形成条件反射，那些带来坏消息的人被人厌恶，带来好消息的人则招人喜欢。最有趣的例子莫过于电视台的气象预报员了，一旦发布恶劣天气预报，人们就会责怪他。在美国，甚至有一位气象预报员因为发布了洪水信息，被人威胁要开枪打死他。

销售人员要善于利用这种关联性，让客户形成条件反射。例如，你可以跟客户说自己认识××公司副总，可以在某些方面提供帮助；或者说你的哥们是富二代，以后有机会可以合作等。这些正面关联会轻松拉近与客户之间的联系。

稀缺规律下的营销技巧

物以稀为贵的道理谁都懂，善于利用消费者的这一心理特点，也是一种很实用的销售技巧。人们受到稀缺原理的影响，商品越少，想要购买的人就会越多，很多心理学实验都证明了这一点。

心理学家为消费者提供一些免费饼干，给一些人 10 元装的盒子，数量较多；给另外一些人 2 元装的盒子，数量较少。结果那些拿到 2 元装饼干的消费者认为饼干的味道更好。对此，我也在生意中用过此类技巧，我会说一些培训老师每个月只讲一次课，结果预订这些老师课程的人比那些每周讲一次课的培训师要多。

我曾逛过一家叫唯众良品的小店，发现这家店很有意思，每个整点都会进行产品疯抢活动。销售员拿着大喇叭再喊下一个整点的活动预告，“10 点整疯抢新到货的袜子，一元一双，抢光为止”。这一招真的很有效，我仔细看了一下，他们家的产品类似那种尾货，除了便宜毫无特色，而店铺推出的整点疯抢活动确实有点作用，快到整点的时候，都会围拢一些客人，等着销售员抱出这个整点的产品，然后开始抢购。

我去转过两三次，发现那些产品并非稀缺，也许当日抢光了店家就不再上货了，但是隔一天又是这些产品。不过众多的消费者，还是在每一个整点等候，不管有用没用，先抢来再说。

利用稀缺性进行营销，大部分消费者都会上钩。越是稀缺的东西越容易受到重视，作为销售人员，与其告诉消费者可能得到什么，不如告诉他们将会失去什么，这样更容易对消费者产生影响，从而实现成交行为。

收藏就是最讲究稀缺规律的行当，“珍贵的错误”让那些以往的残次品变得价值连城，错版人民币、模糊的邮票等，甚至一些“垃圾”都会因为稀有而变成宝贝。

饥饿营销是现在很多商家普遍采用的做法，只要你的产品有一定受众群，加上前期宣传到位，那么饥饿营销的方式会让你的产品更受关注。小米手机已经成为北大管理课上的经典案例，经常被提及。

无论官方给出的是何种说法，事实情况是当时小米新机型的确很难买到，很多想尝鲜的“米粉”必须通过加价的方式从黄牛那里买得。

小米手机的稀缺造成了疯抢的行为，每周二开放购买，很多人都会在中午12点准时守在电脑前开抢，但只有少数人能拿到。越是稀缺，买的人越多，广告效应也就出来了，这也是小米公司的成功之处。

也许小米公司真的是供货能力跟不上，也许是有意为之。总之，对于销售员来说，这是一项很实用的技巧，非常值得借鉴。你只要让消费者相信，产品确实很紧俏，那么就会加速成交的行为。

稀缺规律被运用在各行各业，以饭馆为例，量大便宜的东北菜被认为口味一般，量小价格却很贵的台湾菜被认为非常可口。商家正是利用了稀缺原理，同时抓住了消费者的心理进行牟利。

不过,这一招用得好很有效,但是太频繁地使用也会让其效果大打折扣。很明显的例子就是路边小店的“疯狂甩货,最后三天”,大部分小店都是用大喇叭广播的形式,告诉路人本店即将关门,赶紧来捡便宜货吧。那天我碰上一个店主,不用喇叭,自己高声吆喝,增加了真实性。我也信以为真,买了一两件日用品。可是一周之后我再次路过,他还在声嘶力竭地喊“最后三天,最后三天,撤店甩货!”像这样的销售技巧用得过于频繁就会失去作用,只有那些偶尔路过的人有可能中招。

人类的嫉妒心决定了只有在将要失去的时候才会珍惜,在产品稀缺的时候才会觉得有价值。是不是有点“贱”!人性如此,稀缺性永远是刺激人们神经的有力武器。这是非常有力的影响力武器,玩转这一招,你会拿到大笔订单。

北大心理学堂:如何利用稀缺性成单

1. 数量有限

销售员在推销的时候,以“数量有限”作为切入口,即便你有很多选择可供客户挑选,也不要全部呈现给他们。即便是专业人士,在琳琅满目的商品面前都会犯晕,不要说非专业的消费者了。一般情况下,只提供两个选择,并且告诉消费者,其中一款产品很畅销,数量有限,卖完为止。

每当 iPhone 新款手机上市的时候都会引起疯抢。我见过一位擅长稀缺规律的销售员,成功让客户毫不犹豫地掏钱购买。那是 iPhone 8 刚出的时候,家门口一家苏宁电器开业,我就去转了转。一个小姑娘只是过来咨询一下,看上去并不急着买。

“iPhone 8 多钱?”

“不好意思,现在没货了。”

“刚上市就没货了?”

“对，数量有限，早上开门之后就都抢完了。”

“那什么时候才来货啊。”

“这个我也不清楚，你要是着急我去问问明天是否到货，给你留出来。”

“哦，好的，谢谢了！我把电话给你，有的话我马上过来买。”

当时是否真的没有货了不得而知，但是我转了一圈再次路过苹果展台的时候，看见小姑娘正准备掏钱购买，一脸喜悦的表情。

这个销售员很精明，他很清楚稀缺性原理，也知道如果客户走掉的话，很可能会在其他地方轻易买到货。根据当时的情况，他看出客户正处在询价阶段，并没有下定决心购买，所以他用到了“数量有限”的技巧，拿下了订单。

作为手机销售员，见惯了各种客户，所以大致可以看出每个人的购买欲望与阶段，在此基础上，他们会运用合理的方式达成交易。毕竟，如果顺其自然，那么客户很可能在任何地方购买，唯有使用某些技巧才能拿到更多订单。

2. 最后期限

最常见的便是大街小巷的各类小店打出的“最后几天，疯狂甩货”的案例，这里面用到了最后期限与顾客贪便宜的心理，不过因为太常见效果也不明显了。最近比较有影响力的案例当属 NBA 球星科比・布莱恩特，他即将退役的消息传遍了世界，而他每到一个客场打球，都将是职业生涯的最后一站，媒体铺天盖地的宣传，让球迷蜂拥而至，座无虚席，就连收视率也高涨起来。

实际上，这的确是现场看科比打球的最后机会，但是跟以往并没有多大不同，除了他的上场时间与得分少了之外，科比的表现大不如前。但人们出于稀缺性原理，认为无论票价多高，科比表现多么差劲，这球看得都值。

销售人员要学会利用人们的这种心理，可以告诉消费者，公司的某款产品正在限时促销，过了优惠期就将变为原价销售，且下一次打折不知道等到什么时候。总之，要让客户觉得“过了这个村就没这个店了”。

3. 逆反心理

人人都有逆反心理，在两岁的时候最早出现，并在青春期表现的尤为明显。利用这一点同样可以实现成交，给我印象最深的当属王朔当年出版的一本新书《我的千岁寒》，我不是王朔的读者，却买了这本书，就是因为看到了这样几个字，具体是什么我忘了，反正大意就是：你要是没点阅历就别买了，买了也看不懂。

就这一句话把我的兴致提起来了，买回去读，前面还好，到后来人家还真没说错，一点没看懂。不管怎么说，我是领教了逆反心理刺激成交的厉害。

销售人员在推销过程中也可以采取这种方法，只不过需要注意尺度，不要刺激到客户。

下面这两条经典广告语正是利用了人们的逆反心理：

“禁止抽各种香烟，连555牌也不例外。”这是英国555香烟在很多营销教材中被广泛提及的案例。

“这种手表走得不太准确，24小时会慢24秒，请谨慎购买。”某品牌手表逆反营销广告。

4. 沟通训练

“这本书需要有一定专业水平的人看，普通人看不懂”。

“这辆车确实有点贵，一般有经济实力的人才买得起”。

5. 制造竞争氛围

一件产品，一旦有人争抢，它的价值就会增加，稀缺性就将显现出来。

销售员可以利用这一点,人为制造竞争氛围。例如,你是二手车业务员,有一台性价比还不错的 SUV 出售,为了节省时间顺利成交,你可以同时约几位客户过来看车,这样就会造成资源稀缺的假象。实际上,你还有其他款式的 SUV 待售,但是利用稀缺原理,你会让客户感到紧张,从而加速成交。

Part Five

销售心理控制

销售实际上打的是一场没有硝烟的心理战，是销售员与客户之间的控制与反控制。在这场博弈之中，谁能抢先一步掌控对方心理，谁就占据了先机。

满足客户的“上帝心理”

如今，很多消费者都存在一种“顾客即上帝”的心理，他们在购物时强调心理满足，且不论这种心理需求是否符合市场趋势。作为销售人员来说，想要实现对客户的心理控制，就要尽可能满足客户的“上帝心理”。

根据马斯洛需求层次理论的第四级，人们渴望得到别人的尊重，在消费时表现更为明显，我是花钱消费的，理应得到“上帝般的服务”。

谁能满足客户被尊重的心理需求，成单就会更加顺利；相反，如果客户感觉受到了冷遇，这一单也就泡汤了。乔·吉拉德的很多案例都被北大管理课程收录，其中不都是成功案例，也有失败案例。

如果有人告诉你，大名鼎鼎的汽车销售之神乔·吉拉德也有失手的时候，你肯定不信。然而，每一位销售员在成为顶级销售员之前，都走过弯路。

当年，乔·吉拉德向一位客户推销汽车，交易过程十分顺利。当客户准备掏钱付款时，另一位销售人员跟吉拉德聊起了昨天的篮球赛，他们两个人都是该队的拥趸，聊得津津有味。没想到，已经拿出现金的客户又把钱装了回去，然后转身就走，什么也没说。

乔·吉拉德呆呆地站在原地,想不明白。

他的同事只是略表安慰,说这种事很常见。但是吉拉德却一直放在心上,苦思冥想了一天,还是不明白为什么客户已经挑选好汽车,却又不要了。

晚上,吉拉德终于忍不住了,拨通了客户的电话,询问客户为什么突然改变主意。

这是一位女性客户,她在电话中表现出明显的不悦语气,说道:“今天下午付款时,我同您谈到了我的小儿子,他刚考上密西根大学,是我们家的骄傲,可是您一点也没有听见,只顾跟您的同伴谈篮球赛。”

顿时,吉拉德明白了,这次成交失败的根本原因在于没有认真倾听客户的说话,没有及时反馈。

消费者在满足物质方面需求的同时,也渴望得到精神层面的满足。这是人们渴望得到重视的普遍心理需求,销售人员可以一方面给予客户认可与赞美,一方面提供优质服务,从内心满足客户的需求。一旦成功操控客户的心理需求,那么客户就会心甘情愿成交。

朱总是一位文化公司的老总,是我在北大培训班认识的。经过一段时间观察,我发现他非常好面子,凡事喜欢追求“大”,公司的目标多少年不变,就是做大做强,每天早上都要开会,唱励志歌曲、宣誓,总之都是培训师那一套,他自己乐在其中。

我去过他们公司两次,第一次是比较正式的访问,进门的时候所有员工列队欢迎,朱总边走边介绍,笑个不停;一次是非正式访问,没有列队仪式,但是走的时候也有部分员工站在门口欢送。

有一次,我陪着朱总去商场购物,为了出席在杭州的新公司成立典礼,特意来买西服。他在某奢侈品柜台转了一圈,看上了一件打折的休闲外套,6 000 多元,试了试感觉很合身,正要征询我的意见,这时在一旁的销售员已经观察了很久,从言谈举止上很容易判断出朱总属于目标客户,于是热情跟进。

这位商场导购很专业，像个贴身管家，边让朱总试衣边给出比较专业的意见，朱总显然已经乐开了花，正当他准备付款时，导购向他推荐了一款23 000多元的西服套装，然后又是一套说辞，尽显专业。

“我看您这身打扮就不是一般人，很有品位，您身上这套衣服一定价值不菲吧。”

“是啊，这也是牌子货，当时买挺贵的。”（已经笑开了花）

“您这次买衣服是准备什么场合穿？如果只为了平时休闲穿，您选的这件就很合适，如果正式场合，我给您推荐一套，很多成功人士都在我们这里买过这套衣服，有××明星、××企业家……”

老朱一听来了精神，果断试穿导购推荐的这件衣服。导购也送上了更为专业的服务，甚至跪下为朱总摆弄裤腿。

最后，朱总刷卡结账，买走了这件23 000多元的西服。

老朱的财力我是略知一二的，风光的时候买几件奢侈品根本不当回事。但是当时培训行业已经开始走下坡路，他又盲目扩张，人员工资加上写字楼租金就够他受的，动辄几万块买西服早就不再他的预算之内，然而精明的导购吃透了朱总的心理，让他当了一回“上帝”，尤其是那专业的一跪，让朱总下定了购买的决心。

走出柜台之后，朱总就开始后悔了，虽然嘴上没说，但是来之前说好的海鲜大餐也改成了家常菜。

现实生活中，这样的客户并不少见，他们要的是面子，要的是尊重，如果销售人员能满足他们渴望享受“上帝”般服务的心理，那么成单并不困难。

北大心理学堂：社会焦点效应

焦点效应(Spotlight Effect)，也叫做社会焦点效应，指的是人们往往高估周围人对自己外表和行为的关注度。

根据这一理论,人们倾向于把自己看作一切的中心,并且在潜意识中高估别人对自己的关注程度。

人们普遍存在这种过度关注自我的心理状态,高水平的销售人员往往会以此作为突破口。

北大管理课上讲过一项名为“记忆力研究”的实验,这是由托马斯·季洛维奇(Thomas Gilovich)等人在2000年时做的一组研究。研究人员要求每一位被试者穿上一件衬衫,上面画着一张很大的头像,然后走进一个坐满了人的房间,在每一个受试者离开房间之后,他(她)被要求估算一下,房间里有多少人可以记得他衬衫上面是谁,同时房间里的观察者也会被问到,他们是否还记得衬衫上面是谁。

结果显示,受试者大大高估了有多少人记得衬衫上的头像。

出现这一现象的原因,季洛维奇等人认为,主要是因为我们太关注自己了,并没有清醒的认识到别人并不会同样地关注我们。

这是每个人都普遍存在的心理状态,精明的销售人员要懂得加以利用,从而控制消费者心理。既然消费者渴望得到关注,那么销售人员就去满足他们,让他们觉得自己是上帝,这样会让成交更容易、更迅速。

如何满足客户需求的技巧:

1. 认真倾听,虚心求教

当客户在诉说的时候,一定要认真倾听,听完他们的诉求之后再回复。同时,在倾听过程中,要虚心求教,显示出客户水平高,尊重并满足他们的虚荣心。

2. 边赞美边提出建设性意见

现在的客户不傻,所以销售员一定要给出建设性意见,在这个过程中只需要加上赞美的技巧,使他们开心。

3. 提供更多附加服务

附加服务可以让客户感到更加满足,例如提供免费赠品、增值服务等。

4. 优质服务,为客户着想

提供优质服务,给客户以尊贵的感受,而且这些服务要从客户的角度出发,想他们所想,予他们所求。

5. 一对一服务,给客户 VIP 尊享之感

一对一服务很重要,如果销售人员同时对待几位客户,那么客户会认为你不重视他,从而转身离开。销售人员要做的是给每一位客户 VIP 的感受,至少要让他们自己感到被重视才行。

拉近与客户的距离

做生意就是交朋友,卖东西更像是谈恋爱。所谓情感营销,是指通过心灵与情感方面的沟通,拉近与客户的距离,从而促成销售行为的一种方式。

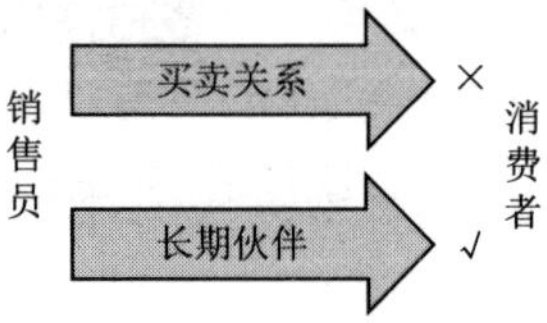

在如今竞争激烈的时代,销售员与消费者的关系不再是单纯的买卖关系,而应该向着长期伙伴关系发展。只有成为客户的朋友,他们才会在有需要的时候想到你,你才有可能拿到订单。

销售员　买卖关系 ×　长期伙伴 √　消费者

如今选择那么多,想买什么找不到?你的产品如果不具备顶级竞争力,怎么能赢得订单?

客户也许记不住你的产品,但是容易记住你的人,这就是情感营销的核心,成为客户的朋友。

情感营销是企业营销常用的手段之一。现在很多销售人员也学会利用情感控制的方式拉近与客户的关系，从而为成单增加概率。

看过一个案例，讲的是同一街区有4家服装店同时在销售一款本季流行的裙子。按理说如此激励的竞争，4家店的销量应该是差不多的，但是有一家店主在门外挂出一块广告牌，上面写道："卖给淑女"。结果，这家店的该款裙子销量最好。

之前我也遇到过两位推销员，其中一个小伙子上前推销之后，如果客人没兴趣，他转身就走，脸上明显带有不悦的神情；另一位小伙子无论客户是否搭理他，他都会鞠躬致谢，并附上一句："谢谢您。"

第二个小伙子的举动让人舒心，我特地观察了一会，发现有需求的客户都会找他咨询，而那个表情漠然的销售员则无人问津。

沟通要入心，谁家的产品都不是独一无二的，这时候与其说是在卖产品，不如说是在卖自己。也许你的产品没有品牌力，但是你可以把自己做出品牌。

绝大多数消费者在购买产品时都是非理性的，这个比例要占60%以上，这一点从广告上就可以看出。IPA dataBANK公司曾经对1 400个成功的广告案例进行研究，其中纯粹以感情激发为内容的广告占了31%，而纯理性类广告则只有16%。针对人类大脑的研究也显示，人们在思考问题时总是习惯性从感性出发，然后才会理性思考。

北大教授讲过一个案例：

有公司针对美国家庭备用发电设备Generac进行了一项调查，让用户通过画画描述自己与发电机的关系。

哈佛商业周刊对这一活动进行了如下的评论：

男性用户通常把备用发电机描述成保护家庭的超人，而女性则描述没有备用发电机，好像把自己置于泰坦尼克号的危险境地。这一调查结果让该公司改变了市场营销策略，原本他们把宣传重心放在先进技术上，现在则回应客户的情感需求，强调自己的产品能在关键时刻保护他们的生活和家庭。这一策略让 Generac 在两年内销售额翻了 1 倍，达到 12 亿美元。

感情因素是原始的驱动力，能感化客户做出购买选择。了解到这一点，营销人员要学会通过情感控制的方式拉近与客户的距离，这样将会提高成交的概率。

北大心理学堂：通过情感控制手段实现成交

在运用情感控制手段之前，要做好细致的分析工作，从消费者的特点出发。一旦与消费者建立情感联系，他们就会成为你的忠实客户，随着关系的深入，便可以适当提出要求，不必担心失去客户。

各年龄段情感特征分析

年龄段	情感特征表现
青少年	猎奇心理强，感性，强调个性，容易受环境影响
青　年	追求时尚，看重品牌，强调个性，购买力强
中　年	务实，更看重性价比，喜欢能够改善生活质量的商品
老　年	怀旧心理，注重老牌子，强调舒适性，喜欢保健养生类产品

不同性别情感特征分析

消费者	情感特征表现
男性消费者	购买行为趋向理性，目的明确，果断，缺少耐心，强调性价比，偏爱科技类产品
女性消费者	购买行为趋于感性，盲目，注重品牌，偏爱时尚类、生活类产品，容易受环境影响，容易受销售员影响，挑选商品十分细致

在对消费者进行细致分析之后，结合你面对的客户，采用不同的情感控制方法。

1. 共情能力

指的是一种能设身处地体验他人处境，从而达到感受和理解他人情感的能力。销售员不能从自己的角度出发,告诉消费者产品×××,你把产品的特点、优势介绍了一大堆,没有一条符合消费者的需求,这是在浪费双方的时间。

销售员要通过沟通走入消费者的内心,真正做到替他们着想,这样才会了解到他们的真实需求,在这个角度上介绍产品,成单的可能性就会大增。

2. 频繁联系

增加在客户面前的露脸机会是最简单的情感控制方法,根据露脸效应理论,人们会对经常出现的面孔感到好感。销售人员不要在成单之后便不再理会客户,时常联系,即便客户没有购买动机了,但是他们可能会介绍其他客户给你。

3. 沟通入心

这一点比较难,通过交流迅速确定客户的兴趣以及其他信息,把话说进客户心里。一旦走入客户的内心,便有可能成为朋友,机会也会更多。

4. 拉上酒桌

一旦有机会与客户吃饭喝酒,那么已经证明了你们不一般的关系,只要保持这样的关系,就不愁从客户那里得不到订单。

附加推销的销售技巧

附加推销即连带销售,普通销售员在卖出一件商品之后,往往意味着这次销售行为结束了。优秀销售员则不然,他们会通过附加推销的技巧,让客户再选则一些其他商品,实现连带销售行为。

用好附加推销技巧,并不会让消费者感到厌烦,反而会给他们提供便利。

TO customer 顾客	TO company 公司	TO salesperson 销售员
更便捷,更省心,可在短时间内找到所需搭配。 注:不是每一位客户都擅长精挑细选,便捷性与时间才是很多客户最看重的。	增加销售额,产品多元化销售有助于提升公司知名度与口碑。	拿到更多提成,赢取客户信任,提升工作满足感,并得到上司好评。 注:销售员要抓住附加销售的机会,这不仅是为了多拿提成,还是自我提升,建立与客户关系的机会。

并不是每一位销售者都是精打细算型的,也不是每个人都会觉得销售员的连带销售行为是在骗他们。不可否认,销售员会在推销过程中遇到各种客户,有时附加推销行为的确会遇到白眼,但这点压力对于一名从事销售行业的工作者来说,根本不应该放在心上。

销售员不能仅仅将附加销售行为当做赚取更多提成的好机会,如果仅从利益出发,很容易形成短视的局面,你会为了推销出更多商品而做出有违客户利益的事情。聪明的销售员应该从客户的角度出发,考虑到客户的真实需要,推荐他们需要的产品,而不是一股脑将有用没用的产品都介绍一遍。越是急于成单,越会表露出唯利是图的心态,很容易被客户发现并拒绝。

你失去的也许并不仅仅是这一比单子,很可能他再也不会来店里,即便再来也不会找你了;也许他还会告诉其他人不要来店里,不要找你谈……因为你的短视行为,不仅让自己的利益受损,还可能让公司受到连带损失。

根据客户的选择,推荐他可能需要的搭配产品,这样才是最佳选择。很多大企业都非常看重连带销售这块的利润,所以会对店员进行专门的培训。例如之前的肯德基、麦当劳,在你点完单之后,店员会根据你的选择给出最优推荐,例如我点过一个汉堡,店员给我推荐了一款套餐。汉堡 15 元,套餐 18 元,我只需要多加 3 元就可以得到一小杯可乐与一小份薯条,这样的推荐让我很高兴，于是欣然接受。

顾客点单之后，根据点单内容推荐他们需要的相关产品，引导顾客消费。

我是来吃午饭的，一个汉堡虽然足够了，但显然过于单一，且没有饮品。店员据此判断，我一定需要额外的饮品，所以推荐了套餐。而连带产品只需要多花 3 元钱，况且我确实需要喝点什么，于是乐于接受了这笔附带推销产品。

在连带销售过程中，遇到客户拒绝是很常见的，这时不要气馁，可以顺便问他们亲朋好友是否有需要，这一招叫做“借力打力”，利用现有的客源，连锁带出一系列新的业务增长点。你只是随口一说，如果客户答应了，根据承诺与一致原理，他们很可能真的会告知亲朋好友；即便只是呵呵一笑，也无妨。

如果客户并没有购买意向，也要在不让对方感到厌烦的情况下送上相关的宣传资料，并予以感谢。很多超市都会印制宣传单，在附近社区挨家挨户投放，无论客户是否需要，只要送去了就有很大机会被看到，当他们有需要的时候就会形成购买动机。

北大管理案例中，提到过一个社会心理学的概念，叫做“贝勃定律”，指的是当人经历强烈的刺激后，再施予新的刺激，对他(她)来说也就变得微不足道。因为第一次强烈刺激能冲淡第二次的小刺激。附加销售就利用了贝勃定律效应，当客户购买了一件 5 000 元的西服，你再推荐一条价值 500 元的领带时，客户往往不会觉得领带的价格太高了。

在进行连带销售行为时，销售人员也可以采用这一心理学效应，假设客户购买了一件 4 888 元的笔记本电脑，这时如果客户同时是一位音乐爱好者，你可以顺带推荐一款价值几百元的音箱产品。如果你为客户介绍了一款价值几千元的音箱，那么他很可能不会接受；但是如果只有几百元，他会想既然买了接近 5 000 元的电脑，那么几百块的音箱并不算什么。根据客户的这种心理，销售员还可以推荐一些价格低的附属商品，例如鼠标、键盘等电脑配件。实际上，这些商品加起来也有不少钱，销售员的提成也许不比推荐一个价格高的商品少。

北大心理学堂：利用贝勒定律抓住客户心理

北大教授详细介绍了社会心理学定律——贝勃定律，是指人们在经历过一次强烈刺激之后，接下来的微小刺激对其来说就显得微不足道了。

一位意大利心理学家曾经做过实验，他找了两对情况相似的情侣，让其中一对情侣中的男孩在每个周末送女朋友一朵玫瑰花，让另一对情侣中的男孩只在情人节这天送女朋友玫瑰花。结果，情人节当天，每周都收到玫瑰花的女孩表情平淡，而第一次收到男朋友送花的女孩则欣喜异常。

这个实验中，前面的男孩由于周周都送花，在强烈的刺激之后女朋友已经没有了新意，所以表现平淡；而选择在情人节当天第一次送花的男孩则得到了女朋友的强烈回应。

同理，销售员也可以利用贝勃定律现象进行连带销售，例如当客户同意购买一件比较昂贵的货品之后，销售员可以推荐他们购买一些价值较低的附加产品，价格冲击控制在合理范围之内，客户不会觉得太贵而拒绝。

销售中最常见的贝勃定律就应该算是打折促销了，商家会利用各种节日进行促销活动。实际上，有些商家并没有实质性降价，而只是提高售价之后再打折，但结果却是造成消费者疯狂抢购，大家都认为捡了便宜。

过年的时候我特别注意过，很多商家打折力度很大，但是都把原价提高了，趁着过年的机会，人们忙了一年了，该犒劳一下自己了，借机大肆敛财。这里就用到了贝勃定律。

例如，一件原价 1 000 元的西服，人们会觉得贵，等到逢年过节开始打折，商家把西服原价提高到 2 000 元，然后打出 5 折销售的字眼，实际售价没变，销量却大增。

没有多少消费者在购物时能够保持足够理性，特别是这种价格游戏，没有几个人会盯着商品的原价,尤其是逢年过节,本身就是出门消费的,谁也不会在乎。1 000 元的原价西服感觉贵,但是如果 2 000 元打 5 折,消费者就会觉得捡了便宜。实际上,这只是商家进行的价格游戏而已。

在客户购买完价格高的商品之后,销售员就可以进行附带推荐了。这时推荐一些价格较低的相关产品,客户更容易接受。

连带销售还需要很多技巧,主要有如下几点。

1. 锁定目标客户

根据客户身份、性格等进行引导性销售。以商场导购为例,他们看人很准,每天都会见到无数客人,所以看人八九不离十。我有一位朋友是做奢侈品销售的,他的眼光就很准,从业十几年,客人一进门他就能看出这个人是否有购买意向,能否买得起,这样也为他省去了很多不必要的口舌。

以情侣客户为例,销售员先通过经验分辨对方是否处于热恋期,如果是的话可以这样说:"先生,您真有眼光,女朋友穿上这套衣服很漂亮,如果配上这双黑色皮鞋就更上档次了,您要不要让女朋友试试呢?"

类似引导性语言技巧配合言辞温和的激将法,让男方处于一个很尴尬的境地,不掏钱会被认为小气,如果热恋期都小气那么日后还怎么过?所以这种情况下连带销售行为的成功率很高。

锁定目标客户很重要,有些人很理智,很少会受到销售员影响,果断放弃;你要找的是目标客户,例如那些爱购物、不差钱的客户。看准客户,会起到事半功倍的效果。

2. 你需要一个合适的理由

假设你是一位服装导购,客户买完衣服准备去付款,这时如果想要完成附加销售,那么你需要一个很有说服力又很应景的理由。比如再过几天正好是母亲节,你可以这样说:"先生您还有什么需要吗?我们店中老年服装款式很不错,过几天就是母亲节了,您是否为母亲选一件衣服呢?"

一个合适且应景的理由往往能够打动客户的心，从而实现连带销售行为。

3. 时机把控

提出连带销售要求的时机很重要，一般是在客户已经确认要购买了，但是还没有完成付款交易的时候。

为什么要在这时提出要求？

第一，不会因为附带销售要求惹恼客户，失去既得利益。

第二，如果客户已经完成付款，再去推荐配套产品，客户很有可能嫌麻烦或是产生下次再买的意愿，从而失去最佳销售时机。

相信大家都有过类似购物经历，你已经选好了所需商品并交完钱，这时再向你推荐其他附带产品，即便有兴趣也可能不愿再次掏钱购买；另外，有时你并没有其他购物需求，而销售员总是推荐这推荐那，让你感到厌烦，你索性扔下手里的商品一走了之。

导致上述交易未能成交的原因，就在于销售时机把控不到位。贝勃定律会在一定程度上影响客户心理，销售员吃透这一点之后，结合销售最佳时机，往往可以让成交率达到75%以上。

4. 五大时机

(1)客户只买了一件产品：这种情况要么客户目的明确，只需要一件产品，买完就走。如果不是这种情况，销售员都可以推荐相关产品，帮助他们进行搭配选择。

(2)结合促销活动：很多人看到“促销”两个字都会停下脚步，所以当店内有打折促销产品时，只要稍微沾边的都可以为客户推荐。

(3)产品有相关配件时：例如客户买了一台电脑，那么他一定用得上鼠标、键盘、音箱等相关配件，客户有没有需要、买不买是他的事，说不说则是你的问题。

(4)推出新品时:公司上新品,销售员都应该为客户介绍,这是一种常识,也是对客户的尊重。介绍新品不会惹恼客户,反而会增加他们对你的信任。

(5)两人以上购物时:当两人以上购物时,一个人在购买的同时,不妨推荐其同伴也试一试,反正闲着也是闲着,说不定就会达成连带销售。

5. 顺水推舟,借题发挥

这里强调的是“借势”,这就要求销售员要会聊天,尽可能引出更多话题,以此在短时间内判断客户的喜好、需求等等。在聊天过程中,你会获得更多信息,抓住有用信息并与产品相结合,这样推销的成功率更高。

我曾在一家珠宝店见过两个年轻人,从他们的交谈中得知,其中一位是给女朋友挑钻戒准备求婚的,另一位显然是参谋。从穿着打扮来看,两个小伙子似乎家境不错,不差钱。那是一家奢侈品店,接待他们的店员是一位很漂亮的小姐,而且眼神犀利,从他们一进门就主动迎了过去,可见她的识人能力很不错。

两个年轻人一边聊天一边看钻戒,店员偶尔介绍一下,更多时候则以倾听为主,很明显,她是在寻找有效信息。小伙子跟哥们聊天说:“我准备下个月跟她求婚,在她生日那天,到时搞一个party,你找点人热闹热闹。哎对了,买完钻戒跟我看看包去,那天她说要换一个。”

这句闲聊的话被精明的店员听见了,她并没有直接介绍,而是等客户看好钻戒确认购买的空档,顺口提了一句:“您还要给女朋友买包啊?我们店也有啊,很多新货,保证她喜欢。”

“哦,是吗,你们还卖包?看看。”

显然,这个小伙子并不知道该品牌还卖包,店员顺水推舟的一句话,让她拿到了不菲的提成。这小伙子真是有钱,进店不到半小时,买了一个钻戒一个奢侈品包。我很佩服这位店员的眼光,看人真的很准,另外附加销售技巧也运用自如。

附录一:连带销售常见方式

1. 链式推广

所谓链式推广,就是当客户结束购买行为时,推荐他们的亲朋好友购买,从而形成附加销售。

2. 补零式销售

顾名思义,当客户购买了一件188元的产品后,你可以推荐一款价值12元的产品,为的就是凑齐200元不用找零。当然,此类情况只针对付现金的客户。

3. 收藏式销售

如果客户是某品牌的忠实粉丝,那么就可以采用收藏式销售。比如有一款名为Levi′s的牛仔裤,我有个哥们就喜欢收藏,所有501经典系列他都有。针对这样的客户,销售员就可以根据他们的喜好进行附加销售。

4. 办卡促销

办卡是很常见的一种连带销售模式,当客户完成消费未付款时,提醒他们办卡可以享受一定程度的折扣,如果客户对此次服务感到满意并准备常来,一般都会办卡消费。

附录二:连带销售要点

1. 为客户提供增值服务是前提

如果销售员把赚取更多的提成作为连带销售的目的,那么很容易被客户察觉并招致不快。连带销售应该以为客户服务为前提,方便客户选购更多需要的商品,这样才能得到对方信任。

2. 给予客户实用性、支持性建议

从客户角度出发,提供实用性的建议,例如更多折扣信息;此外,客户购物买的是商品也是心情,销售员要以支持性建议为主,多鼓励。

3. 不要强求

客户没有需求，销售员决不能强求，销售员的工作是引导，不是“强迫”，不要让客户产生反感情绪，否则会影响个人与公司的声誉。

4. 循序渐进

连带销售不能着急，一步步来，客户买了西服，你可以推荐他搭配领带、皮鞋，但不能奢望对方一次买很多。比如你推荐他买羊毛衫、买衬衣等，恨不得他配齐一整套装备，这样是很不专业的，容易引起客户反感。

销售二选一法则

在销售过程中，销售员都希望掌控主动，但如果表现出强迫消费者购买的倾向，则会引起对方的反感。这时可以采用销售二选一法则，将选择权交给消费者。聪明的销售员不会告诉消费者该买什么不该买什么，而是利用心理控制的方法，表面上将选择权交给消费者，实际上最终都把自己想卖的商品推销了出去。

这里面涉及到一场心理博弈。改革开放这么多年，消费者已经明白了推销过程中的很多门道。当一个推销员主动推荐一款产品时，越是积极说明该产品利润越大，利润越大则质量越差。所以，消费者遇到这样的情况时往往不会购买，转而寻找其他替代品。

既然被消费者摸清了门道，销售员就要跟随大势而变，利用反控制的心理手法，重新占据主动。既然消费者形成了既定的观念，那么无论他们猜的正确与否，只要顺着他们的消费心理重新布置战术，在迎合消费者心理的同时给出变招，同样可以成功拿单。

销售二选一法则就是反控制的心理方法，假设一名消费者来买锅，在价格、品牌、质量等因素相差无几的情况下，她如果看中了 A 款铁锅，而你则因为利润更大希望售出 B 款铁锅，这时你可以利用反控制的手法，向客户强烈推荐 A 款铁锅，表现出急切的表情。在客户犹豫不决时，顺手拿出 B 款铁锅简单推荐一下，表情平淡，等待客户自己抉择。

这时，一场心理博弈开始了，客户会边看边寻思，“销售员为什么这么主动?”“肯定这口锅的利润高，那么质量就会差点”“我不能选他们推荐的”……

一番心理博弈之后，没主见的消费者会选择 A 款铁锅，有主见的消费者往往会选择 B 款铁锅。为了保证二选一法则的成功率，在推销之前最好先通过聊天分析客户的性格，确定之后采取相应的方法。

针对不同性格的消费者，销售二选一的方法都能够发挥作用。以上讲的是比较“精明”的消费者，还有一些怕麻烦的消费者，则希望销售员给出更多选择，或是直接告诉哪款更好，免去了选择的烦恼。

这就要求销售员具备很强的洞察力，同时善于从闲谈中发现玄机。遇到怕麻烦的消费者是一件幸运的事，省去了很多精力，直接把他们需求的商品推荐过去，一般都能成交。而如今的大部分消费者都很有主见，这时就要给出选择，二选一最简单，若不行就多选一，后者相对复杂。

北大心理学堂：二选一成交法则的相应技巧

1. 基础语言技巧

“您比较喜欢白色还是蓝色?”

“您需要长款还是短款?”

“您想看标准版还是豪华版?”

……

基础语言技巧只是简单的询问，给出两个选择答案供客户挑选，不管客户最终选择哪一个，这次销售都不会落空。

2. 引导语言技巧

“您真有眼光，白色的这款是店里的爆款，很多人都买了。蓝色的这款是新品。”（在确定客户比较有主见，同时又给出初步选择之后，如果你的目的是卖掉蓝色款，那么就可以使用心理控制的方法，夸张渲染白色商品，但最后要提到你想卖的蓝色商品。）

“长款很适合您，穿上显气质，喜欢的话可以试穿。短款是新品，这不天气转暖了吗。”（一定要强调你想卖掉那款产品的特性。）

“标准版只需要 799 元，大众款，一般没什么特别需求的用这个刚好。豪华版性能更好，适合办公以及追求品位的用户”（这里面用到了激将法，对于好面子的客户很有作用，同时强调了这款产品的功能性，“适合办公”，客户会根据自己的需求进行选择。）

3. 禁忌用语

“要不您买这款蓝色的吧，应季新品，很多人抢。”（对于有主见的消费者，这样的直接推荐往往会适得其反。）

“你买长款还是短款，要不都买了吧，反正都能穿。”（命令式的口吻只会招致消费者的反感。）

“标准版才 799 元，那都是穷酸学生用的，一般都买豪华版。”（这样的讥讽式销售没有意义，大部分客户会掉头就走。）

4. 应对推诿

一旦客户进行推诿，则说明他要么没有意向，要么处于犹豫阶段。如果是前者，再努力跟进也没有多大意义；如果是后者，还可以继续跟进，主动尝试。当你确定客户有意向购买，只是犹豫不决时的应对语言技巧：

客户：“下次吧，今天没时间！”

应对："您如果感兴趣的话，我们可以另约时间，或者我带着两款产品去找您，方便您试用。"（如果客户真想购买，销售员提出上门与试用的条件，一般都会引出下文；如果客户依然推脱，显然是没有购买兴趣。）

客户："我现在定不了，考虑一下。"

应对："您不用急，您先想想，然后我会再给您推荐几款产品，您多参考几款最后再做决定。"（客户拿不定主意，不要催促而是多提供解决方案，这会让客户觉得你是在诚心为他服务，而不是想方设法推销。）

客户："嗯，我得跟媳妇商量下。"

应对："是啊，夫人的意见最重要，哪天方便您跟夫人一起过来选一选，您说个时间，到时我等你们。"（持续跟进，一定要让对方做出承诺，约定时间，否则即便他们来了，也可能找到其他销售员成交。）

抓住客户的注意力

如今市场竞争激烈，各种同类产品层出不穷，而不同产品之间的差距并不大，那么谁的产品在创新性方面做得更好，更能吸引客户的注意力，谁就能占有先机。作为销售人员也是如此，在促成交易的过程中，重点是要吸引客户，只有抓住客户的注意力，才能继续谈下去，才有可能实现最终的成交。

吸引客户注意力，也是一种销售心理控制的手段，很多培训师在讲课的时候都会用到这种方法。

王老师曾经讲过一堂课，叫做"如何推销产品"，他的演讲很吸引人。然而听过演讲的人都知道，整个演讲不可能每分钟都很精彩，实际上真正的"干货"并不多，否则这些老师根本不用做讲师，自己创业就好了。很多都是把沉闷乏味的内容讲来讲去，关键在于形式的创新，以及如何去调动观众的情绪。

讲课开始，王老师在精彩的开场白之后，就开始与学员互动，通过提问的方式吸引听众。

“你们知道怎样在10分钟的时间实现成交吗?”

“当销售员推销产品时，客户心里在想什么?”

“如果你的产品不够好，怎么才能把它们卖出去?”

……

通过一系列实用性很强的问题，吊足了学员的胃口，在场的都是做销售的，所以大家纷纷提出自己的看法，跟老师展开互动，从而引出更多问题。

毕竟，王老师是讲师不是销售人员，很多在销售过程中遇到的具体问题他也不清楚；而通过互动，他可以了解到更多情况，然后予以解答，同时引申出更多问题。这样一来，气氛变得很热烈，想要提问的人越来越多，而且问题很专业，也很实际，都是销售员每天面临的实际问题，因此大家都听得非常专注。

这一招就属于通过互动式提问吸引客户注意力的方法。在销售过程中，销售人员不要只顾着自己讲解，尤其是那种照本宣科式的产品介绍，要确保客户的思路一直跟着你走。当他们表现出兴趣低落时，马上提出问题，将客户重新拉回来。

在王老师演讲过程中，我发现他针对每个问题的讲述都很精炼，没有长篇大论，当然前面那种说套话的时间不算，遇到实际性问题的时候，他总是表达的简短精炼。

这一点也很关键，每个客户的接受能力不同，说多了他们很可能找不到重点，这就需要销售人员用尽量简单的语言进行表述，说清楚核心思想。

接下来，王老师开始针对问题讲解案例，这是为了让客户更加直接地理解刚才提出的问题。案例是最吸引人的部分，也许客户听不懂你的观点，但是一定听得懂案例，毕竟，谁不爱听故事呢？

如果你推销的是当下最火的 VR 设备，你可举例有一个玩家购买了 VR 游戏机之后，几天不出门，每天除了吃饭睡觉就是打游戏，因为太好玩了。

这种讲故事的方法，非常吸引人，同时也起到了第三方推荐的作用，对于促成交易很有效果。

王老师继续讲课，我发现他每隔一段时间就会改变演讲方式，或提问、或互动、或表演、或玩游戏等，通过不断变换形式吸引观众的注意力。

在实际推销过程中，这一点也值得借鉴，如果你只是站在那里一动不动地给客户讲课，确实缺少吸引力；你可以通过不断变换形式来吸引客户，比如边讲解边向客户示范产品，加入丰富的肢体语言等。

这些都是吸引客户的方式，就像王老师演讲一样，一场演讲下来，总是能给听众意犹未尽的感觉。

北大心理学堂：博内特定律

北大管理课程中，讲过一个博内特定律。美国广告专家利奥·博内特说过："要想占领市场销售，就要先占领头脑，占领了人们的头脑，获得了人们足够的注意力，你才能掌握市场的指挥棒。"这就是销售界一致认可的的博内特定律。如果你无法获得客户的注意力，就无法打动客户的心，也就无法成交。

因此，销售人员在促成过程中，一定要紧紧抓住客户的注意力，获取关注，才有可能最终成交。以下推荐一些获取客户注意力的方法。

1. 外貌出众

也许你觉得这跟销售产品没关系，实际上外表出众的销售员，成单率是非常高的。人都是视觉动物，无论是男女销售，只要外貌出众，都能够轻松吸引客户的注意，让客户愿意听你介绍产品。长相是天生的，如长相一般，就要学会化妆，穿出品位，可以在很大程度上帮你成单。

2. 谈吐过人

渊博的知识会让你谈吐不凡，加上足够的修养，完全可以吸引到客户的注意力。这就要求销售人员平时多下功夫，丰富学识，在沟通过程中很重要，有得聊绝对是一门功夫。

3. 精力充沛

一个精神饱满的销售员让客户看上去就很舒服，说明他对产品充满自信。为了达到精神抖擞的状态，销售员一定要保持旺盛的精力，否则谁也不愿意与萎靡不振的销售员交流。

4. 丰富的肢体语言

丰富的肢体语言能够增强表现力，在促成过程中能起到渲染作用，从而带动客户的情绪。

5. 颜色匹配

与你推销的产品进行颜色匹配，最好是选取鲜艳的颜色，能够起到画龙点睛的作用。例如男销售员，选择一条与产品匹配的鲜艳领带，完全可以在人群中突显出来，从而吸引客户。

利用光环效应塑造个人品牌

我没有统计过具体数字，但是根据我的经验，有魅力的营销人员成单率要比普通销售员高得多。更有意思的是，一旦形成良好口碑，塑造出个人品牌，客户就会“认”这些金牌销售员，追着他们成单。

实际上，个人魅力也是一种心理控制手段，这其中涉及一个心理学常识，叫做光环效应。这也是北大心理学教授经常提到的一种心理学效应，并讲到了很多有意思的案例。

光环效应(Halo Effect)，也叫晕轮效应等。最早是由美国著名心理学家爱德华·桑戴克于20世纪20年代提出的。它是一种影响人际知觉的因素。指在人际知觉中所形成的以点概面或以偏概全的主观印象。简单来说，人们一旦对某个人的某种品质形成好感，在这种印象的影响下，人们对这个人的其他品质也会给予较高的评价与认可。

实际上，这是一种爱屋及乌的心理现象，而销售人员要善于吃透客户心理，利用光环效应塑造个人良好形象，最终形成个人品牌。

光环效应到底有多神奇呢？据说玛丽莲·梦露死后，一位收藏家花高价买到了一只梦露的鞋子，他把这只鞋子拿到市场上去展示，参观者如果想闻一下，就必须花费100美元。然而令人啼笑皆非的是，愿意闻臭鞋的人竟然络绎不绝，排起长龙。

在今天，这种光环效应同样在延续着，前阵子看新闻，日本秋叶原电竞广场举办了一场《坦克世界》锦标赛的决赛，吸引了大批“粉丝”的关注。如果说比赛本身吸引人，倒不如说“特别慰问奖”吸引人，比赛中失利的一方会得到日本女演员纱仓真奈亲笔签名的衣服。

这些都是光环效应在起作用，可见其效果是非常巨大的。销售实际上就是在推销自己，把自己的品牌塑造出来，消费者就会“趋之若鹜”。像乔·吉拉德、原一平这些耳熟能详的世界级销售大师，都是非常善于推销自己的，他们不仅善于卖产品，更善于卖自己，成功将自己打造为“保险销售之神”“世界第一推销员”，一旦被贴上这样的标签，说明光环效应已经形成，只会让他们越来越成功，站得越来越高。

在实际销售过程中，我也见过类似的案例。一位房产销售员，由于其专业性以及良好的服务态度，赢得了不少口碑，在网上好评无数，客户也会帮他推荐、宣传，以至很多客户咨询都找他，宁愿排队等上半个小时也不愿去其他人那里咨询。

这种现象在看病的时候更明显，大家都想挂专家号，找口碑好的医生，宁愿等上十天半个月，因为找他们看病放心。

这些案例都是因为当事人成功塑造出个人品牌，形成了光环效应。一位优秀的销售人员，一定是具备良好口碑的，他们非常善于运用光环效应达成销售。

北大心理学堂：光环效应在销售过程中的形成

在销售过程中，如何塑造个人品牌，形成光环效应是一门学问，关键在于培养个人魅力，塑造口碑。其中有些技巧值得注意（职业形象、社交礼仪、言谈举止这些都是销售人员必备的素质，在此不再赘述。）：

1. 积极耐心的服务态度

积极耐心的服务态度，看似简单易行的事情实际上最复杂。我见过很多销售员，都曾经因为缺少耐心而丢掉单子。很多客户确实比较麻烦，同一件事情问三遍还是不放心，这一方面取决于销售员解释是否到位，一方面就要看销售员的服务态度了。无论面对什么样的客户，你的耐心就能为你赢来订单，至少可以保证你的口碑。

大家都很忙，客户也会理解你，你会因为耐心赢得口碑，从而赢得更多客户。我就见过一些比较有耐心的销售人员，他们专业水平不是最高的，能力平平，但就是有耐心，跟什么样的客户都能聊，结果这些人往往比能力强的销售员拿到更多订单。因为一旦形成口碑，客户就会口口相传，这样客户就越来越多。

2. 优秀的个人业绩

任何一位形成光环效应的销售员，都是业绩出色的销售高手，两者是相辅相成的，他们不一定具备多么高超的销售技巧，但是业绩都很出色。所以，销售人员一方面要努力成单，在这个过程中，你的口碑就会逐渐形成。

3. 完善的后续服务

后续服务是形成良好口碑的关键。很多人成单之后就撒手不管了，这样只会让你的口碑变差。在产品同质化严重的今天，只有拼服务才能确保一直赢下去，所以必须要保证后续服务的质量，及时跟进客户。

4. 结果圆满“记忆顺位”

人的记忆都具有“顺位效果”，受到次序控制。一般来说，效果最好的就是最后的位置，特别是在彼此间的记忆或印象尚很模糊或已恶化时，由于人们习惯性记住最后的记忆，只要结果圆满，那么一切圆满。

日本前首相田中的送客社交艺术，就是运用这种效果，无论之前表现如何，送客时尽可能给对方留下好印象，那么完全可以除掉之前的失败印象。

因此，销售人员在收尾阶段一定要注意，不管之前跟客户谈的如何，最后都要尽可能完美收场。

5. 感官刺激加深印象

与客户进行肢体接触可以加深亲密感。例如通过握手的形式，能传递给客户自信、亲密的感觉，从而赢得好感。

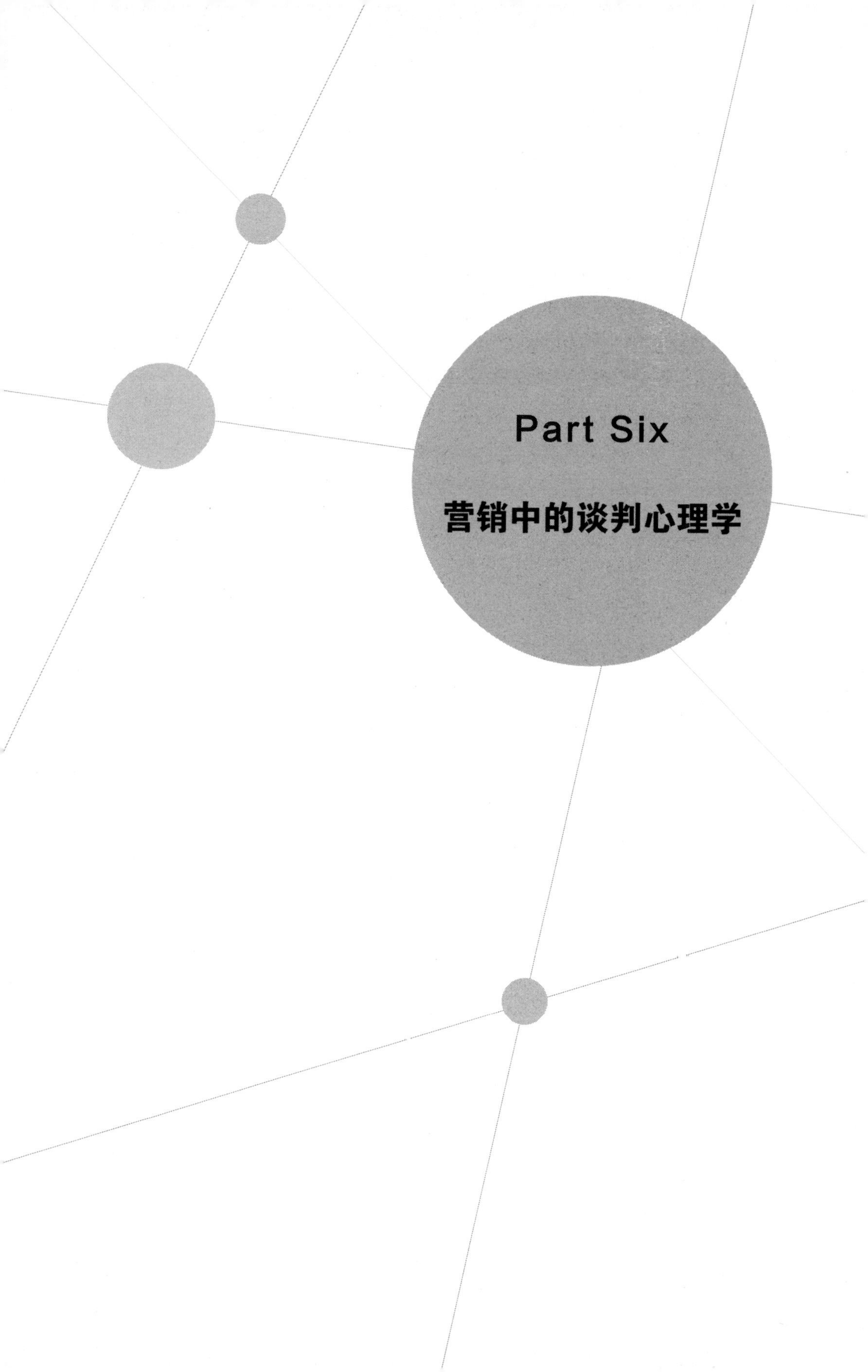

Part Six

营销中的谈判心理学

任何销售员都不能忽视谈判的重要作用，从某种方面来说，这算是签约之前最重要的一环，很多不错的销售员都是折在这一关上。抓住几个基本点，然后通过大量的实战练习，累积经验，你就能成为谈判高手。

沟通是第一要务

沟通可以让不可能变为可能，无论面对多么难搞的客户，只要善于沟通，那么一定可以顺利成单。北大管理课讲过一个案例，讲的是一个很有趣的故事。

父亲对儿子说，我想给你找个媳妇。儿子说，不用，我自己找！

父亲说，我给你介绍的可是比尔·盖茨的女儿！

儿子说，要是这样，可以。

这位父亲找到比尔·盖茨，说道：我给你女儿找了一个老公。

比尔·盖茨回答说，谢谢，可我女儿还小！

父亲说，这个小伙子是世界银行的副总裁！

比尔·盖茨回答，哦，这样啊，那可以！

最后，父亲又找到世界银行的总裁，说道，我给你推荐一个副总裁！

总裁说，副总裁我这里太多了，不需要了！

父亲说，这一位不一样，他是比尔·盖茨的女婿！

总裁说，啊，这样可以！

这只是一个故事，或者可以说是笑话，但是足以证明沟通的重要性，其中蕴含了极为深刻的沟通原理和技巧，让一件不可能的事成为了可能。

上述故事中，父亲是一为沟通高手，他的成功在于紧紧抓住了儿子、比尔·盖茨、世行总裁的心理需求，从而促成了一次成功的沟通。

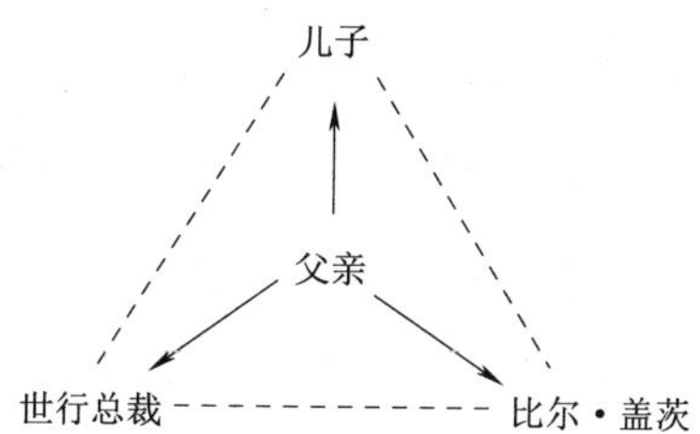

作为一名销售人员来说，一定要敢于沟通，乐于沟通，擅长沟通。夸张一点说，即便对方是你的仇人，即便他们伤害过你或你的家人，身为优秀的营销人员，只要你想成单，就要开口沟通。

销售谈判过程中，不愿与客户交流是一种不尊重客户的行为，一种消极的表现。你不倾听客户的意见，怎么解决分歧？只有沟通，才可能得到你需要的信息，了解客户的态度。

在销售谈判过程中，讲话是自信的表现。我见过很多蹩脚的销售员，与客户产生争议之后，要么不敢谈判，要么说到一半发现情况不对就中途退场，这样只会让谈判陷入僵局。

聪明的销售人员决不能任由客户占据上风，更不能在谈判中途退场。一次，我去热风退一双刚买不久的鞋子，左脚的鞋垫出了问题，因为刚买了不到一个月，我想索性退掉吧。

前台收银员接待了我。她问我是否可以维修，我表示新鞋就坏了不想修了，况且没有过免费退换的日期，坚持要退掉。这个姑娘就不跟我谈了，让我等一下，用对讲机叫来了店长。

她是收银员，这不是她的责任范围，但是从销售谈判的角度来说，这不是一次很好的谈判行为，甚至还没开始谈她就退场了。

店长显然很有经验，他表示可以维修，这只是一个很小的问题。我说不行，新鞋就出问题，可以退为什么要维修？

店长坚持，我施压，表示要找负责人谈。

店长开始周旋，尽可能跟客户（我）展开沟通，讲了很多。

之后，店长退一步表示，可以调换，需要从其他店掉来一双鞋。我已经看明白他们的做法，也不愿再耽误时间，而且如果我坚持，这位店长还会跟我耗上一阵子，于是同意调换。

在这个案例中，店长显然可以算是一位不错的谈判高手，他在争议中找到了折中点。当我明确表明态度之后，他开始寻找沟通的点，最后在销售谈判过程中占据了上风，逼我做出了让步。

北大管理课上，提到过 2002 年，以色列前总理沙龙的一番惊人表态。沙龙表示，应该在 20 年前就除掉阿拉法特。这一声明在当时的国际社会引起了轩然大波，从中可以看出，沙龙并不是一个很好的谈判者，这样的言论简直不可理解。但是，这还不足以证明他是一个失败的谈判者，真正失败的点在于，他本可以在说完这句话之后，补充一句："即便如此，我们应该谈一谈！"

销售员如果把谈判引入僵局，唯一的可能就是扼杀这笔交易，拿不到提成，甚至带来更坏的影响。就像那位店长如果态度消极，不试图跟我谈判，我可能会找高一级的负责人，甚至直接去找热风所在的商场负责人。

开口沟通是谈判的第一步，其次还要讲究谈判技巧，这样才能确保你在与客户的较量中占得先机直至最终拿下订单。

曾经有一位商学院的学生，连续参加了 18 家公司的面试，首轮即被淘汰。之后他参加了哈佛大学法学博士戴蒙德先生的谈判课，学会了很多谈判技巧，之后连续在 12 家公司的面试中走到最后一轮，并如愿找到了满意的工作。可见，谈判技巧的重要性。

作为一名销售人员,与客户谈判的情况非常多,敢于开口交流,运用适当的技巧,就等于成功了一半。

北大心理学堂:谈判最大的问题就是沟通失败

所有谈判失败的直接原因都可以归结为沟通失败,而失败的沟通主要原因就来自于误解。

1. 认知差距

买卖双方对某一问题的认知不同,如果没有良好的沟通,很可能导致误解,最终失去订单。销售人员要做的就是努力消除认知差距,尽量多沟通。例如,你想买房,咨询房产经纪人,对方问你想要购买什么样的房子。

你告诉对方限定于某个区域,180 万元之内就可以。实际上,你想买的是 180 万元之内的,70 年产权的房子。

房产经纪人给你推荐了一套 170 万元的商住两用房子,只有 50 年产权。因为彼此认知差距,经纪人认为 50 年产权与 70 年产权差距不大,而且今后的政策说不准,也许就会改成永久产权;然而在客户看来,50 年产权是不能接受的。结果就导致了误解。

2. 缩小认知差距

如何缩小认知差距,关键还得多沟通。如果房产经纪人提出更多问题,问得更仔细一些,就会降低误解的发生率。

当与客户产生误解,在努力缩小认知差距之前,先提出几个问题:

(1)自己的观点是什么?

(2)客户的观点是什么?

(3)彼此是否存在观点不一致的情况?

(4)如果是,不一致的原因是什么?

3. 消除隔阂的方法

在销售过程中出现隔阂是很常见的，难道客户与你的意见不同，你就放弃这一单吗？当然不是，你要做的是努力消除隔阂。

(1)客户的观点永远比你的更重要：客户是出钱的，所以他的观点不一定是对的，却永远都是最重要的。销售员要做的就是倾听，并尊重客户的观点。如果客户的观点比较“业余”，不要嘲笑，而是尽力沟通，给他们讲明白。

(2)倾听并总结客户所说的内容：倾听客户所讲的内容，然后对这些信息进行总结，筛选出有用的内容，之后重复一遍，这是在表示尊重以及跟客户确认。最常见的例子就是饭馆点菜，服务员记好之后会跟你重复一遍订单。

(3)换位思考，解读客户的真实意图：这是一个北大管理课上的案例。

芭芭拉是一位医学系学生，曾在美国费城一个小诊所工作。一次，他接待了一位饱受摧残的女士。通过沟通，她了解到以下几点信息：

①客户是妓女；

②吸毒成瘾；

③发生性行为时没有保护措施；

④如果怀孕就会无法接客；

⑤不能接客就会被老鸨毒打；

⑥之前没去过诊所。

这个案例来自戴蒙德的著作中，他向全班同学提问，只有少数几个人想到了“这个女人为什么要到诊所做测试？”

实际上，测试是否怀孕，在家用检测试剂就可以了。换位思考，芭芭拉发现她并不是来做测试的，而是以此为借口，前来求助的，只是不敢说出口而已。

有些时候，客户不愿、不好意思，或者表达不清自己的真实需求，这就需要销售人员通过换位思考的方式，解读出客户想要表达的内容，这是一种能力。

深度掌控客户心理

任何谈判,本质上都是双方的一场心理博弈,谁能掌控对方心理,谁就将提升获胜的概率。在销售谈判过程中,想方设法通过前期沟通了解到尽可能多的客户信息,决定了销售人员是否能在这场心理博弈中获胜。

想要深度了解甚至掌控客户的心理,沟通是前提,没有沟通,也就无法赢得对方信任,从而无法顺利成交。

营销界有一个很经典的案例,大意如下:

一位老太太去菜市场买菜,路过一排水果摊。水果摊一共有四家,卖的水果都差不多。老太太想要买点儿苹果,于是就问第一家摊主:“苹果怎么样啊?”

摊主回答:“我的苹果又大又甜!”

老太太摆摆手走了,摊主不知所措。

点评:这位摊主根本没有沟通,不知道客户的需求,所以没有成交。

接下来,老太太来到第二家水果摊,问道:“你的苹果是什么口味的?”

摊主还在琢磨前面那家到底说错了什么,也有点儿措手不及,便支支吾吾地答道:“早上刚到的货,没来得及尝尝,看这红润的表皮应该很甜。”

老太太摆摆手走了。

点评:商家不了解自家产品,又怎么能销售出去?

紧接着,老太太来到第三家水果摊。由于看到了前面的场景,这个摊主便率先提问道:“老太太,您要什么苹果,我这里种类很全!”

老太太回答道:“我想买酸点儿的苹果。”

摊主:“我的苹果口感比较酸,您要多少斤?”

老太太:“来一斤尝尝吧!”

点评:提前沟通,掌握客户的真实需求,所以成交。但是没有深挖客户背后的动机,所以成交量不大。

第四位水果摊的摊主显然是最精明的,他选择深挖客户动机。

“阿姨,我的苹果也不错,您再来点吧?想要什么口味的?”(探求需求)

老太太:“我想要酸一些的。”

摊主:“大家都要甜的,您为什么要酸苹果呢?”(挖掘更深层次的需求)

老太太:“儿媳妇儿怀孕了,想吃酸的。”

摊主:“您对儿媳妇真好啊。”(适度恭维,拉近距离)

摊主:“前两天就有两家要生孩子的,都从我这里买的苹果,说是酸甜可口。”(讲案例,第三方佐证)

摊主:“您来多少,我这苹果口味特别适合孕妇吃。”(适时逼单)

老太太:“我再来两斤吧。”(成交)

摊主:“再来点儿橘子吧,也适合孕妇吃,酸甜可口还有多种维生素,营养丰富。”

老太太:“是嘛!那好,那就再来三斤橘子吧!”

点评:通过沟通了解客户需求之后,进一步掌控客户心理,引导成交。

在谈判过程中,掌控对手的心理是非常重要的,这样选择的主动权就在你的手里。根据不同的客户,要有不同的应对策略。

1. 客户常见的心理特点

(1)第一印象:这是每一位销售员都该做到的,如果你有出众的外貌,很多谈判都会变得异常轻松;如果没有,就要在着装、谈吐、修养方面下功夫。

(2)光环效应:销售人员的某种品质,如果给客户非常好的印象,那么客户就会对销售员的其他特性予以好评。在谈判过程中,销售人员一定要先入为主,给客户留下积极、良好的印象,之后的谈判就会更加顺利。

(3)自尊与虚荣:在谈判过程中,满足客户的自尊心与虚荣心,突出服务优势,更容易取胜。

(4)从众心理:在谈判时,多强调“其他客户”,“多数人买的绝对差不了”,利用从众心理也可以快速成交。

(5)得寸进尺:客户在购买过程中,一旦被满足了较小的要求,会习惯性提出更大的要求,例如爱占便宜,客户总希望以更低的价格购买。在谈判过程中,销售人员要充分了解这一心理特点,可以提高价格,留出砍价余地,并送出赠品。

(6)占有心理:利用客户的占有欲,谈判时强调产品的稀缺性,“这是最后一件了”,这样会增加客户的紧张感,从而加速成交。

2. 不同客户的应对策略

(1)热情的客户:面对开朗热情的客户,谈判时很容易被对方引领思维,这一点必须注意,无论聊的多么愉快,适当的时候也要转入主题,引导谈判。

(2)理性的客户:这类客户异常冷静,属于谈判高手,销售人员要尽快寻找弱点予以“攻击”。销售员可以利用旁敲侧击的方法寻找对方弱点,一定不要急躁,免得暴露出自己的弱点。

(3)“熟人”客户:面对熟悉的客户,最怕的就是不好意思,这会让你在谈判中处于劣势。所谓“亲兄弟明算账”,生意就是生意,可不必寸土必争,但也不能舍弃应得的利润。

(4)急躁的客户:这类客户很容易在谈判中产生消极情绪,从而意气用事,结束谈判。面对这类客户,必须学会理性谈判,要多从他们的角度考虑问题,不可用强硬的方法,要坚持兼顾双方利益为谈判原则。

注意,不要扯太远,他们没耐心;

不要把话说死，否则谈判就结束了；

多倾听，让对方多说，但不能给他们主导权。

北大心理学堂：心理博弈中的5个常见现象

想要掌控客户心理，必须要善于观察，通过分析谈判过程中的常见现象，更容易摸清规律，从而占据主动。

1. 掩饰

人都是好面子的，即便客户在谈判过程中出现失误，他们从内心来说也不会承认，这时就会试图掩饰，寻找借口。而一旦销售人员发现了客户的这种现象，就应该意识到对手出错了，这时就需要仔细分析刚才对手的破绽，从而找到突破口。

前面说到换鞋的故事，店长最初一直坚持维修，但在跟我谈判过程中无意间说漏了嘴，他说“公司的确规定不到一个月可以退换，但是……”，说完之后他意识到说得不对，试图掩饰。我看到了破绽，并就此予以攻击，最终在短时间内与他达成了换鞋的意见。

2. 逃避

很多客户都不是谈判高手，像普通人一样，一旦在谈判中遇到困境很容易选择退缩，寻找借口逃脱出来。这时，销售人员要做的不是落井下石，否则会毁掉交易，而应该帮客户找借口，给他们台阶下，从而赢得主动。

还是前面换鞋的案例，收银员最初接待了我，也提出维修，我稍微施压她就想逃，于是我赶紧让她叫负责人出来，她也很爽快地拿起了对讲机。一旦客户在谈判中想逃，基本上就打算放弃了。

3. 心态变化

当客户在谈判过程中不满意时，心态就会产生变化，这时很可能就此退出。销售人员见此状况，一定要稳住对方，缓和情绪，并将他们重新拉回谈判桌。

有些销售人员不擅长谈判，总喜欢咄咄逼人的态势逼迫客户，结果客户一生气就走了。这不是目的，而应该从缓和情绪的角度出发，劝他们回来接着谈。

4. 中途换人

在谈判过程中，有些客户会因为不好意思，怕麻烦，或是担心被反驳而委托他人谈判，这说明他们想要逃避、掩饰，自己不敢继续谈判。这种情况下，销售人员要看新换上来的谈判者是否能做主，水平如何。如果换上来一个高手，不好对付，那么就要想方设法将之前的客户拉回到谈判桌。

我遇到过一个讲师，跟公司谈签约条件，我告诉他根据讲师的水平不同，费用不同，他希望拿到更多酬金却又不符合标准，结果就找了另一位合作过的讲师谈判。如果是跟之前这位合作过的讲师谈，我肯定会做出让步，所以我想办法又把新讲师拉回到谈判桌，跟他直接谈判，最后以公司标准签了约。

5. 自我表现

有些客户在谈判中经常借用夸张的言行表现自己，实际上这是一种自我防卫机制的行为反应。客户很容易在夸夸其谈中暴露有价值的信息，只要销售人员善于引导，就能挖掘出很有用的信息，然后引导客户做出承诺。由于言行一致理论，大部分客户都会兑现自己的诺言。

态度决定你的订单

先来看一个北大管理案例。

如果你是一位高级销售经理，那么商业谈判对你来说意义重大。你需要不断争取客户以完成业绩指标。唐纳德·德尔是美国运动营销员兼知名经纪人，他曾经与网球拍品牌商海德（Head）新任老板之间进行过一次紧张的谈判。

美国网球选手阿瑟·阿什是唐纳德的客户，占有海德公司5%的销售提成。海德公司新任老板上任之后，感觉不合适，想要更改协议。阿瑟告诉唐纳德，他要维持之前的协议。

谈判开始，唐纳德正在向公司高管陈述他的提议，这时新任老板推门进来，一脸怒气的说道："这简直太过分了！我是这家公司的主席，阿瑟的收入居然是我的10倍之多！"

气氛一下就变了，没人说话，高管们的眼光都盯着唐纳德。这是一个关键时刻，面对暴怒的老板，一句话说不对，很可能导致双输的结局。

唐纳德思考了一会儿后说道："但是皮埃尔，阿瑟的发球技术比你好多了！"

顿时，会场都笑了，老板也乐了。

一句玩笑话，达到了破冰的效果，也重新把老板与高管拉回了谈判桌。最终，双方达成了一个双赢的协议。

很显然，唐纳德是一位经验十足的谈判高手，他清楚自己的态度将决定谈判走向，所以会非常慎重，绝不会像一些销售新人一样暴露底线。

销售人员在谈判过程中的态度至关重要，往往决定了你是否能拿到订单。研究表明，与更有合作意识、更愿意解决问题的谈判者相比，对抗型的谈判者成交率只有前者的50%。

如果你总是习惯于在谈判中与客户对着干，想必没有多少客户愿意与你达成交易，无论你的观点是对还是错。

张勃是一位能干的业务员，缺点就是性子直，太实诚。在跟客户谈判过程中，该说的不该说的，只要他认为是对的，都会全盘托出。为此我找他谈过一次，他的态度很明确，只要自己认为是对的，就必须得说出来。

这样的业务员优势在于比较执著，很多难啃的客户交给他们，也许就能成功。然而，他们的成绩却不理想，虽然很努力，但只是排在中游水平。

后来我注意观察了张勃,他的问题主要出在谈判态度上,而不是出在心直口快上。一次他跟客户谈判,那个人属于虚荣型客户,喜欢夸夸其谈,喜欢听人奉承。他提了一个很业余的问题,并像行家一样说个没完。如果是其他业务员,笑一笑,奉承几句,这笔单子就拿下来了。

你以为客户真的关心那个问题吗?他只是想要得到认可,高兴了就付钱了。结果张勃听不下去了,他开始纠正客户的错误,而且态度严肃,指出了客户认识的不足,人家肯定不高兴了,理论了几句。没想到,张勃开始跟客户很严肃的讨论起来,一板一眼指出客户的业余之处,让客户很没面子。

结果,本来板上钉钉的一笔交易黄了,客户很不高兴的走了,张勃为此还挨了批评。他坚持认为是客户的问题,必须要指出来,否则等于欺骗客户。实际上,他的问题出在态度,如果可以平心静气的跟客户讨论,那么结果肯定不一样。

销售人员在谈判过程中的态度非常重要,本身就属于服务行业,无法端正态度,则很难展开良好的谈判。

一名优秀的销售人员,无论性格急躁还是温顺,在与客户谈判的时候都会表现的非常专业,不会夹杂着消极情绪,更不会与客户产生对抗性争辩。我见过很多初级销售员,很多只有初中文凭,在入行之初,根本没有意识到态度的重要性。例如几年前的房产中介,门槛较低,所以很多人都想试一把,但是那些态度不好的业务员,谈判开始没多久客户就会走掉,而他们根本没有意识到是自己的错误,只是在抱怨。

在谈判态度这件事上,我觉得销售人员可以划分为三个层次。

(1)初级销售。只考虑个人利益,忽视客户利益。谈判时从自己的角度出发,只想着尽快完成交易,而不考虑客户需求与实际困难。

(2)中级销售。善于伪装与自我掩饰,表面上顾及客户感受,实际上只是走形式,虚情假意。交流一段时间之后很容易被发现,这类销售人员成单率还可以,但是很难与客户保持长久联系。

(3)高级销售。高级销售在谈判中的态度非常专业,他们会从客户的角度出发,求同存异,始终表现的低调谦卑,让客户感到愉悦。最终在不损失公司利益的前提下，签下订单。

客户要的不仅是产品，他们要的是服务意识与态度，只有满足了全部条件，才能顺利签到订单，这是每一位销售人员在谈判中必须注意的事项。

北大心理学堂：谈判过程中的正确态度

谈判就是一个协商的过程，任何高超的谈判技巧都要建立在正确的态度之上。我虽然不是一个谈判高手，但是也面对过很多培训师、作者、编辑、公司高管、企业老总，而我是提供服务的一方，属于业务员，我很清楚自己的位置，即便在不对等的关系中，也会尽量克制，保持良好的交涉态度。

以前遇到过一位资历很一般的培训师，同时也是作者，他希望出版自己的作品，态度傲慢，而且十分业余。即便如此，我也很耐心地跟他讲，随着他逐渐明白了规则，态度也开始好转。

所以，只要你是销售一方，只要你想要拿到订单，不管面对什么样的客户，端正态度都很重要。

1. 积极乐观的态度

你在向客户传递一种自信的情绪，会让客户更愿意与你交谈。

2. 低调谦卑的态度

客户永远都是“对的”，至少要让他们自己这样认为。保持谦虚低调的销售员，大部分客户都喜欢。

3. 求同存异的态度

谈判不可能一帆风顺，尽量秉承求同存异的态度谈判，除了原则性问题，尽量满足客户要求。

4. 虚心求教的态度

让客户多说，销售人员以听为主，并虚心求教。这样可以满足一部分客户的自我实现需求，让谈判更顺畅。

5. 温和的态度

在与客户谈判过程中，始终不能表现出消极情绪，以温和的态度处理争议。即便遇上难缠甚至蛮不讲理的客户，也不能急躁，最坏的结果便是失去这笔订单，但是谈判高手绝不会丢掉风度。

双赢是展开谈判的前提

任何形式的谈判，都应该建立在双赢思维的基础之上，这也是开展谈判的前提，如果一方总想着占便宜，那么谈判是很难继续的。

这是一个北大管理案例，讲的是两个人分橙子的故事。

一天，甲和乙为了一个橙子展开了争抢。两个人互不相让，最终决定平分橙子。

甲说：我来切。

乙说：你切的话对我不利。

甲说：你切的话也会对我不利。

为此，双方争执不下。

最后，为了公平起见，甲负责切橙子，乙则优先选橙子。

在这个案例中，通过协商，甲乙双方达成了一致，最终实现了双赢的局面。

销售员与客户，前者是为了达成订单拿到提成，后者是为了购买产品。双方需求明确，只要谈判符合双赢的条件，那么成交率是非常高的。然而，如果一方过于看重自身利益而忽视对方的利益，这就会导致谈判的不平衡。

销售员想以更高的价格成交，而客户则希望买到物美价廉的产品，这看似矛盾的双方，实际上只要相互让步与协商，达成交易是很轻松的。

依兰是一名律师，他特意报名学习了谈判技巧，之后前往墨西哥处理之前因为异议搁置的一桩案子。案子是因为双方互不相让，导致谈判破裂，一直被搁置。这一次，依兰一改之前的强势态度，并没有直截了当的谈具体条款，而是阐述自己的情况，并试图让对方理解。

他把自己的实际情况一五一十的说了一遍，并叙述了自己的远景，希望达成长远的合作关系。

对方看到依兰就像变了一个人，一改之前的态度，也开始试着理解他，并告诉依兰当时谈判的想法。结果，双方很快消除了隔阂，并达成了一个都能接受的初步条款。之后，这个被搁置长达半年的案子顺利谈妥，这笔买卖的市值高达几千万美元。

双方互相退让一步，谈判就可以继续下去，上千万美元的案子耽误一天都是不小的损失，依兰学到的双赢思维的确帮了他。

为了实现谈判目标，你需要帮助你的谈判对手。这听起来并不合理，实际上反而可以快速达成交易。

销售高手在谈判过程中，不会只强调自己的产品多么好，一些人甚至会推荐竞争对手的产品。别以为这些人傻，他们是在表现出对客户的关心，真正从客户需求出发，给客户提供更多的选择。客户则会因为这样的推荐而产生信任感，更加关注你们的产品。

也许别人的产品确实性价比更高一些，但如今的客户更希望得到的是周到细致的服务，你的热情推荐会掩盖产品的逊色，客户会自己做出权衡，在差距不大的情况下，很可能继续选择与你合作。这就是所谓“为别人着想，就是为自己着想。”

鲍勃·伍尔夫曾经是一位知名体育经纪人，他有一句名言：“在我这里，只有一件事没有任何商量余地，那就是我们一定要满足客户的利益需求。”所有客户听完这句话之后都会感到震惊，鲍勃则会进一步做出解释：我们之所以这样做，是因为如果你们的利益得不到满足，那么我们的利益也无法得到保障。

双赢谈判的技巧：

- 了解对方目标与实际需求；
- 明确自身目标与实际需求；
- 精准评估对手；
- 寻找彼此共同利益点；
- 求同存异；
- 营造良好谈判氛围；
- 设定底线。

北大心理学堂：当谈判无法双赢时的处理方案

双赢谈判的技巧有很多，不一一赘述。但是还有一种情况，当谈判无法双赢时该如何继续？达特茅斯大学塔克商学院管理学访问副教授朱迪斯·怀特讲过一些技巧，稍加修改便可以运用到销售谈判之中。

1. 分析对手，判断客户是怎样的人

(1)情绪化客户：这类客户情绪波动较大，当出现无法达成双赢的局面后，他们很可能会暴怒离席。然而，这类人情绪来得快走得也快，只要销售人员保持平稳情绪与诚意，对方如果还想购买产品，还会回到谈判桌。

(2)不讲理客户：客户表现出蛮横不讲理的一面，销售人员应该求同存异，很多时候，他们只是当时无法理解，只要能够真诚沟通，偏见还是可以消除并进一步洽谈的。

(3)沉默型客户：当双方发生分歧且无法达成一致时，有些客户就会选择沉默，这是一种需要警惕的局面，如果销售人员也不说话，那么很可能导

致谈判终止，然而如果开口就可能暴露出自己的底线。所以，面对这类客户时需要谨慎，他们很可能用沉默逼迫你说出底线。

2. 妥善处理两种顽固型客户

(1)在迎合和挑衅之间徘徊的客户：一般情况下，客户会在谈判开始的时候表现出挑衅性，而随着谈判的进程开始表现出迎合的态度，说明想要达成交易。然而，如果客户总是在迎合与挑衅之间徘徊，说明他永远不会满意，根本不想达成双赢的结果。这类谈判浪费精力，又不会达成很好的效果，所以需要销售人员权衡之后决定是否继续谈判。

(2)对好坏有着明确界定的客户：大部分客户谈判都是为了解决利益纠纷，为了满足双方需求，谈到一定程度都会适当让步。然而，对好坏有着明确界定的客户，一旦认定你的产品，就很难改变他们的想法。他们觉得产品好，不用多谈就可以成交；他们认定产品不行，周旋也只是浪费精力。

以上两类客户的潜在利益是不能用协商来解决的，即便是谈判高手也很难跟他们达成双赢的结果。对待这两类客户，销售人员要做到以下 2 点。

①认清现实：既然客户很难改变，除非是重要客户，否则不如转投其他客户。

②绝不让步：面对这类客户，除非可以接受重大损失，否则很难成交。如果已经超越了公司的底线，那么谈判的时候绝不让步，失去客户也是没有办法的。

相互信任是展开谈判的基础

相互信任到底有多难，看看北大管理课上的这个小故事就明白了。

古时候有一位宋元君，听说了一位石匠的趣事。石匠正在干活，他的朋友发现鼻子上沾了一滴白泥灰,于是让石匠帮忙削掉。只见石匠抡起大斧,刹那间白泥灰被削得干干净净,而鼻子却没有任何损伤。

宋元君觉得太神奇了,于是决定找到石匠,见识一下他的技艺。宋元君也在鼻子上抹了一块白泥灰,并让石匠露一手。

石匠听后大惊失色,对国君说,这可使不得,斧子不长眼,毫厘之差就会出人命,您就不怕我失手?再说,即使我不会失手,您能在大斧面前一动不动吗?

宋元君听后说不出话来,他开始怀疑石匠,也开始质疑自己的选择。

石匠解释说,这世界上,只有我那个朋友能够做到,因为他完全信任我,我也相信他能在斧子面前纹风不动,所以才敢下斧。

宋元君听到这里,赶紧叫停了这个荒唐的做法。

如今,信任变得越来越难,更像是一件奢侈品。信任缺失会造成重大的损失;而彼此信任则能够带来巨大好处,更多的交易,更快的成交速度,更加丰厚的利润,等等。

法国一项研究表明:在法国,人们由于缺乏信任,导致就业率与国民生产总值分别降低了5%到8%。

失去信任的代价是巨大的,美国职业自行车运动员、七次环法冠军阿姆斯特朗,因为服用兴奋剂而名誉扫地,被判终身禁赛,财富损失或高达1 200万美元。

美国游泳名将菲尔普斯曾在2008年北京奥运会上连夺八金创造奇迹,但是之后被爆出吸食大麻的丑闻,因此丢掉了数百万美元的赞助合同;美国高尔夫球选手泰格·伍兹被爆性瘾,对妻子不忠之后,也丢掉了巨额广告费。

信任之所以被称为奢侈品,就在于唯有时间是最好的检验工具,而时间却是无价的。如果一位刚认识的销售员让你相信他,简直是笑话,刚刚认识就相信你?这不可能!

信任需要经过一段时间的积淀，这就要求销售人员与客户保持长期联系，持续跟进，在赢得信任之后再开始谈判，否则成功率会很低。

做买卖的人都是绝顶聪明的，他们更加看重信任，但是可能是太精明了，很多人并不信任彼此。一位乌克兰商人每当结识了新的合作者之后，都会向对方问一些自己清楚的问题，如果对方撒谎，他就再也不跟对方继续合作了。可见，人们将信任看得多么重要。

在谈判的时候，双方必须彼此信任，否则很难展开进一步的合作。而一旦一方在谈判中失信，后果则是非常严重的。

北大管理课上介绍过戴蒙德在其著作中写过的一个案例。

一位经理受雇于一家工业设备制造商，多年前他们与一位重要客户在采购合同上出了问题。

这是一位大客户，每年会从厂家采购 8 000 万美元的设备，在谈判过程中，他对一份特殊价格提出了异议，协商之后，厂商同意取消这项条款。

合同修改完毕，厂家签字之后交给客户，结果审核的时候发现，当初的条款还摆在那里！这明显是欺诈行为，那个客户盛怒之下取消了所有订单，并停止一切合作。

从此以后，尽管厂家多次道歉，但是该客户根本不买账，厂家至少损失了 1 亿美元。

一旦失信再想挽回是非常困难的，这一点需要销售人员牢牢记住。我见过很多年轻销售员不以为然，他们以为只要价格合适，就一定能找到客户。不可否认，有些人是只看价格，但是大多数人看重的则是诚信。

如果客户一开始就不信任你，那么无论销售员多么努力，都很难将客户拉上谈判桌，就更不要说成交了。再来看一个北大管理课的案例。

研究人员曾经对法航（Air France）和荷航（KLM）并购的主要谈判代表进行了采访，得出了建立信任度需要周期性的结论。

1998 年世界杯决赛，由于法航 CEO 斯宾奈塔与荷航的 CEO 范维克都是球迷，两人一起观看了比赛，这也是两家公司展开友好合作的开端。

实际上，早在 20 世纪 90 年代末期两家公司就讨论过合并事宜，这次会晤进一步加紧了并购的进程。由于之前就开展过相关谈判，以及两家公司都拥有良好的信誉，为并购成功奠定了基础。

其中，两位 CEO 的交往也很重要，他们彼此欣赏，并认为对方值得信赖。在这种前提条件下，双方公司的高管一致认为可以搞定这桩并购案。

作为销售人员，想要与客户展开谈判，必须要先赢得客户信任。当彼此信任之后，谈判才能得以顺利开展。而赢得信任则需要时间，千万不能心急。

北大心理学堂：信任，但一定要核实

信任是展开谈判的基础，但核实则是必要的手续。“信任，但也要核实。”(这是一句古老的俄罗斯谚语)当年美国总统罗纳德·里根在评论苏联时这样说道。

按理说，客户应该核实销售人员，但反过来同样适用。

如果客户掌握的信息比你多，意味着你没有占据优势地位，这时不要轻易做出承诺，在没有周期性交往的前提下，轻易承诺会被客户认为是冒失的行为。销售人员应该渐进式建立联系，获取足够信息之后，一步步赢得信任。

- 除非有十分的把握，否则不要向客户透露自己的底线；
- 确保客户购买意图的真实性，否则一切谈判都是在浪费时间；
- 合同中要有违约条款，以免客户反悔；
- 多与客户接触，确认他们的购买需求；
- 如果客户有所顾虑，销售人员要主动询问，解答客户的疑惑。

如何面对难缠的客户

北大管理课中讲过一个案例。

在美国，一位大学生在麦当劳即将闭店前5分钟进店点单，他要了一份薯条，但是上来的薯条有些湿软，他要求换一份新鲜的。

店员很不耐烦的对他说：我们马上要下班了。

这位大学生没有争执，而是拿过来一张宣传单，上面明确写着闭店时间为23:00，而现在还剩下几分钟。大学生继续说：宣传单上写得很清楚，营业期间所有食品保证新鲜，满足顾客所期望的“完美品质”。

店员哑口无言，只能更换薯条。

我想讲的是，这个大学生之所以成功，很大原因是发生在美国的麦当劳店。还好在我们中国，国情不同，条款不同，当销售人员面对难缠的客户时，完全可以通过谈判解决问题。

我老婆是做媒介的，之前就职于一家主做汽车行业的广告公司，之前公司主要客户是大解放，后来接下了丰田汽车的活儿，但是经验不足，开始一通忙活。

日本人的精细是闻名世界的，想忽悠日本人几乎不可能，而他们公司由于没经验又想节省资金，就从网上到处搜资料攒数据，结果弄出来的案子四不像，拿过去就被客户一顿臭骂，回来继续改。

反复多次之后，大家都觉得是一种折磨，这样难缠的客户实在不好伺候。他们公司招了一个媒介总监，一个媒介执行（我老婆），总监来了不到一个月就被开了，只剩下之前的媒介经理跟我老婆两个人负责。那个经理是公司的老员工，在这里呆了三四年了，但她“什么都不懂”“什么都不管”，去丰田谈判一言不发，所有问题都留给我老婆回答。

之所以会这样，是因为案子做的很烂，没有经验。丰田的人一问，这边回答不上来，这是一个“顶雷”的活儿。

这样的谈判看似根本没有胜算，只能是被一通臭批之后回来返改。然而我老婆有点经验，他不想这样折腾，于是做了一张很详细的 A3 大表，上面除了数据是网上摘的，其他做的有模有样。拿着表跟丰田的人谈判，上来先表明公司在经验方面的欠缺，表示一定会尽快调整，做出更加完善的计划。

丰田的人一听，态度有所缓和，不是直接回绝，而是表现出谈判的意思，他们指出了这张表的不足，例如数据这方面，要的是专业公司的大数据，而不是网上摘的，“公司投资要看大数据的，不是你们说什么就是什么”。

最终，谈判还是不欢而散，但是至少对方愿意指出问题所在，这也让他们的广告公司知道该怎么去改。

没过几天我老婆看出形势不对，辞职了。后来听说来了一个新人，每天加班到半夜，结果都是无用功，方案总是不合格，又不会谈，没几天也辞职了。

遇到难缠的客户，而且还是自身问题，那么谈判就很难赢下来，但是并不代表没有机会。你是销售人员，就要跟客户“死磕”，尽可能把客户拉回谈判桌，从交流中套出尽可能多的关键信息。就像我老婆的做法，虽然公司一点经验没有，但是通过谈判，将大方向与具体问题都挖出来了，按理说这样业余的表现，客户是不愿意多谈的，这就要看谈判中的技巧。

其中，寻求客户理解是很重要的谈判技巧，甚至可以采用博取同情的做法。饭馆吃饭，服务员忘记上菜是常有的事，在发达国家可能会招来投诉；在国内如果你就此跟服务员争执，只能说明你的情商不高。

服务员由于经常遇到这类情况，所以都已经习以为常，忙忘了是常有的事。如果遇到较真的顾客，他们会摇身一变为谈判高手，跟客户解释。

我在餐厅见过一次争吵，一位外地游客显然没有经验，来到一家跟旅行社有协议的饭馆就餐，中午时分，好几个团的客人都在这吃饭，所以非常忙。有些服务员甚至直截了当地告诉顾客，上菜需要等上一阵子。

那名游客等了半天，不干了，开始跟服务员大声争执。为了不影响其他顾客吃饭，餐厅经理将顾客带到一边解释。“您好，我们跟旅行社有协议，这会儿是高峰期，团队客人很多，所以怠慢了其他客人，请您理解……”这样一解释，那位旅客才弄明白，结束了争吵。

难缠客户的分类

1. 专业性强的客户

这类客户比较专业，糊弄是不行的，类似案例中讲到的丰田公司。对付这样的客户，必须拿出专业性与诚意。客户会很尊重努力工作的销售人员，如果你表现足够专业，自律性强，很可能赢得客户信任，而成为你的长期客户。

2. 大客户

大客户往往都是比较难伺候的，他们的份额占了公司总额的 80%以上，公司从上到下都很重视。自然，大客户的条件也是十分苛刻的，只要在能力范围之内的，销售人员要尽量满足，谈判以求同存异甚至吃点亏也没关系。

3. 刁蛮的客户

很多小客户往往喜欢胡搅蛮缠，总是拿自己跟大客户比，希望得到同样的服务。这显然是在痴人说梦，但是销售员却不能直说，与这类人谈判以应付为主，稍微给他们一些甜头，说一些好话即可。

4. 强势客户

强势客户不代表刁蛮不讲理，所以只要积极沟通，表现出诚意，很多问题都可以解决。需要注意的是，一定不要与这类客户对抗，让他们多说，销售人员则多听，多提问题，让他们自我实现的需求得到满足。

北大心理学堂：搞定难缠客户的技巧

1. 准备工作必须到位

对付难缠的客户，一定要做好准备工作，事先搜集足够的资料，了解客户方方面面的信息，这样才能有的放矢。最好是从各个渠道搜集信息，了解到客户的底价，特殊需求，更加看重价格还是品质？……掌握的信息越多，在谈判中占据的主动性越大。

2. 受到客户无理要求时保持冷静

作为销售人员，一发火就输了，你是求人的一方，无论多么无理的要求，只能尽量协商而不能直接拒绝。高级销售员都具有很好的忍耐力，随机应变能力强，无论面对怎样的客户，都可以保持冷静，并找到折中的方法。

3. 棘手问题放到最后

那些争议最大的问题放在最后解决，先从简单的、容易达成一致的问题开始，这样谈判更容易进入良性发展，更容易取得成功。

4. 抬高起点

尤其是那种看重价格的客户，他们会不断试图砍价，这时就需要有一个高起点，让他们慢慢压价，直到满足心理需求为止。实际上，公司并没有受到任何损失。

5. 打感情牌

理解客户，并试图让客户理解自己。对客户足够关心，频繁联系，搞好关系。任何难缠的客户，一旦成为朋友，也就不再难缠了。

谈判过程中的情绪管理

在销售谈判过程中，学会情绪管理很重要。我们常说每一位销售员都应该有一张“扑克脸”，意思是要学会隐藏情绪。不懂隐藏情绪的销售员，如果遇到高明的客户，等于暴露了自己的底线。在北大商学院的管理课程上，引用了一个哈佛大学商学院的案例。

心理学家艾莉森·伍德·布鲁克斯曾经做过一项实验，他让学生们分别扮演供应商与客户，双方因为合同细节产生了分歧。

之后，双方展开谈判。供货商和客户，有一方会在谈判开始前收到指令，要表现出至少10分钟的愤怒情绪，甚至是相应行动。

谈判结束之后统计显示，在谈判过程中越愤怒的一方表现越差，他们可能面临被诉讼的风险。

可见，情绪对谈判的影响力是很大的。如果销售人员不能很好的控制情绪，也就意味着谈判会以失败告终。

在北大课堂上，北大讲师提到了密歇根大学罗斯商学院教授Shirli Kopelman，她是积极组织中心的商业行为学院主任、国际冲突管理协会的执行理事，她的观点有些特别，她强调的不是控制情绪，而是利用情绪。

Shirli Kopelman在20多年中对上千位管理人员进行过研究，她认为谈判过程中不应该管理情绪、克服情绪；相反，应该善于利用情绪，无论是积极情绪还是消极情绪，都是可以利用的宝贵资源。

在谈判过程中，最重要的是认识情绪，然后快速判断这种情绪对于谈判的利弊，尔后立即相应地加强或消减这种情绪，在某些情形下还要完全转变情绪。对此，她给出了五个关键步骤：

第一步:保持关注力。

第二步:找出触发情绪的诱因,将注意力转向其他事物。

第三步:重新解读触发情绪的诱因。

第四步:改变情绪的生理表现,从而改变情绪本身。

第五步:采取他人可见的行动。

对于销售人员来说,在与客户谈判的过程中,完全可以参照 Shirli Kopelman 的方法执行,使自己占据上风。

对于服务行业的人来说,有一种情绪是必须学会控制的,那就是愤怒情绪。没有谈判经验的销售人员,经常会在不经意间激怒客户,这是十分愚蠢的。以下是容易激怒客户的情况:

(1)欺骗、隐瞒:销售员为了尽快成交,往往采取欺骗客户、隐瞒事实的手段,然而一旦被对方识破,就会激发客户的愤怒感,谈判往往无法继续进行。

(2)违背承诺:对客户承诺的事拒不履行或者没能力履行,建议做不到的事就不要许下承诺。

(3)嘲笑客户:有些销售人员一旦觉得客户业余,会不经意间流露出嘲笑的表情或者语言,这等于在杀死谈判。

(4)过于贪婪:希望客户能够成交更大的单子,提出过分的要求,让客户感到厌烦。

(5)不守时:让客户久等是大忌,不守时会被视为缺乏信任的表现。

(6)形象差:一些销售人员不修边幅,举止散漫、邋遢的形象会令客户反感,甚至有些人习惯性的脏话可能直接激怒客户。

由于工作关系,我经常会出去跟各种人打交道,实际上就是非正式谈判。在谈的过程中,客户会提出各种各样的要求,有些的确令人气愤,很业余,但我从来都是一笑而过,从不会显露出任何消极情绪,因为年轻的时候吃过亏。

刚创业那会年轻气盛,以为很专业什么都懂,然后遇见外行的客户就不耐烦，有一次实在没忍住还数落了人家一顿。结果就是，再没有结果了，客户取消了全部订单。

作为销售人员，无论遇到怎样的客户，控制情绪是非常重要的，因为对方是买家，你是卖家，若你的情绪失控，除非你的产品非常具有竞争力，否则谈判90%以上都会失败。

北大心理学堂：控制情绪的技巧

1. 避免焦虑

如果销售人员在谈判时表现出焦虑不安，就会传递给客户，让对方产生犹豫、不信任。避免焦虑最有效的方法就是多加练习，需要有强大的心理素质做支撑。积累谈判经验，见过了也就不再焦虑了。

2. 愤怒管理

谈判过程中的愤怒表现会破坏谈判氛围与双方关系，降低客户喜好度与信任感。一名优秀的销售人员，即便是被客户奚落、嘲讽，为了拿下订单，也要抑制愤怒的情绪。可以通过转移注意力的方式减轻愤怒情绪，也可以多沟通达成一致。

3. 失望情绪管理

当销售人员表现出失望情绪时，客户也会感到失望，继而终止谈判。研究显示，谈判中引发失望的原因之一，是谈判进行的速度。也就是说，销售人员不必急于求成，完全可以通过降低速度的方式减轻失望情绪。而且，减缓谈判速度，更有利于深思熟虑，从而做出更好的决策。

4. 压抑兴奋情绪

销售人员如果表现出很兴奋，客户会觉得这笔交易你得到的利润过大，从而产生怀疑、失望情绪。所以，聪明的谈判人员从来不会喜形于色，即便很高兴也要学会压抑情绪。